LUNCHS

POUR TOUS ET POUR TOUTES LES OCCASIONS

Données de catalogage avant publication (Canada)

Boisvert, Francine

Lunchs pour tous et pour toutes les occasions

(Collection Guides pratiques)

ISBN: 2-7640-0617-9

1. Cuisine pour boîte à lunch. I. Titre. II. Collection: Collection Guides pratiques (Montréal, Québec).

TX735.B62 2002   641.5'3   C2002-941413-X

LES ÉDITIONS QUEBECOR
7, chemin Bates
Outremont (Québec)
H2V 4V7
Tél.: (514) 270-1746

© 2002, Les Éditions Quebecor
Bibliothèque nationale du Québec
Bibliothèque nationale du Canada

Éditeur: Jacques Simard
Coordonnatrice de la production: Dianne Rioux
Conception de la couverture: Bernard Langlois
Photo de la couverture: Allan Davey / Masterfile
Révision: Sylvie Massariol
Correction d'épreuves: Francine St-Jean
Infographie: Composition Monika, Québec

Nous reconnaissons l'aide financière du gouvernement du Canada par l'entremise du Programme d'Aide au Développement de l'Industrie de l'Édition pour nos activités d'édition.

Gouvernement du Québec – Programme de crédit d'impôt pour l'édition de livres – Gestion SODEC.

LUNCHS

POUR TOUS ET POUR TOUTES LES OCCASIONS

FRANCINE BOISVERT

LES ÉDITIONS
Quebecor
QUEBECOR MEDIA

Présentation

Vous avez la tâche, souvent ingrate, de composer et de préparer les lunchs de la famille? Vous vous sentez parfois à court d'idées pour nourrir tout ce beau monde? Eh bien, ce livre est pour vous! Que vous prépariez ces repas pour le bureau ou l'école, pour le pique-nique ou le camping, sachez que vous n'êtes pas cantonné à vos habitudes. Oui! plusieurs options, qui nourrissent le corps tout en ravissant le palais, s'offrent à vous!

De fait, bien des choses ont changé depuis nos premiers lunchs. Certes, il y a eu nombre de progrès techniques (les sacs, les papiers et les contenants d'emballage et de préservation, les méthodes de préparation, les facilités pour le réchaud et la cuisson, etc.), mais aussi une évolution importante sur le plan nutritif. Et si le lunch doit être conçu en fonction de matériel, de moyens et d'un «confort» réduits, il n'en devrait pas moins être équilibré sur le plan alimentaire, tout en étant le plus «gustatif» possible.

C'est dans ce but que j'ai réuni pour vous ces recettes, fruit de l'expérience – la mienne, mais aussi celle des autres. Et ce qui distinguera ce livre des nombreux autres publiés sur le sujet, c'est que j'ai groupé les recettes sous différentes catégories qui vous permettront de composer vous-même, à loisir, des menus aussi variés qu'équilibrés, et qui répondront aussi bien aux préférences des vôtres qu'à la circonstance pour laquelle ils sont préparés.

Selon l'occasion et les facilités auxquelles vous avez accès à l'endroit où le lunch sera consommé (avez-vous accès à un réfrigérateur, à un four à micro-ondes?), vous pouvez choisir simplement un sandwich et y combiner un potage froid ou des légumes ou opter pour un lunch un peu plus élaboré.

Si, à raison de cinq lunchs par semaine, cinquante semaines par année, la routine s'est installée et que vous êtes las du restaurant et de la cafétéria, ou que vous voulez simplement économiser tout en mangeant bien, ce livre vous comblera! Vous le verrez, il y en a pour chacun, petits et grands, pour tous les goûts comme pour toutes les occasions.

Les mesures

Dans les pages qui suivent, seules les mesures métriques sont fournies. Si vous préférez utiliser les mesures impériales, voici les équivalences entre les deux systèmes.

¼ c. à thé	=	1 ml
½ c. à thé	=	2,5 ml
1 c. à thé	=	5 ml
1 c. à soupe	=	15 ml
¼ de tasse	=	60 ml
⅓ de tasse	=	80 ml
½ tasse	=	125 ml
⅔ de tasse	=	160 ml
¾ de tasse	=	185 ml
1 tasse	=	250 ml
250 °F	=	120 °C
300 °F	=	150 °C
350 °F	=	175 °C
375 °F	=	190 °C
400 °F	=	205 °C
425 °F	=	220 °C

LES SOUPES
ET
LES POTAGES

CRÈME FROIDE DE TOFU, DE CONCOMBRES ET DE TOMATES

Portions: 2

Ingrédients

250 ml de tofu frais
30 ml de crème 35 %
250 ml de concombres pelés, épépinés et hachés
125 ml de tomates vertes en dés
250 ml d'eau
30 ml de jus de citron
1 pincée de sel de céleri
1 pincée de sel d'ail
poivre au goût

Préparation

Passer tous les ingrédients au mélangeur jusqu'à ce que la crème soit homogène. Verser dans un contenant de boîte à lunch.

GASPACHO

Ingrédients

3 tomates pelées, épépinées ou
    ½ boîte de tomates étuvées
½ poivron vert épépiné
1 gousse d'ail
1 tranche de pain
30 ml d'huile d'olive
1 filet de vinaigre de vin
1 verre d'eau
sel et poivre au goût

Préparation

Mettre tous les ingrédients au mélangeur électrique et liquéfier. Réfrigérer deux heures avant de servir froid.

POTAGE À L'ANCIENNE

Portion: 1

Ingrédients

5 ml de beurre
10 ml d'oignon haché
125 ml de lard salé, dessalé, coupé en petites lanières
1 ½ pomme de terre en dés
une pincée de thym
625 ml d'eau
30 ml de base de poulet
sel et poivre

Préparation

Dans un chaudron, faire fondre le beurre et faire revenir l'oignon, le lard salé dessalé, les dés de pomme de terre et le thym. Ajouter l'eau, la base de poulet, le sel et le poivre. Faire mijoter de 25 à 30 minutes à feu moyen. Verser dans un contenant de boîte à lunch. Réchauffer pendant quelques minutes avant de consommer.

POTAGE À L'ŒUF BATTU

Portion: 1

Ingrédients

375 ml de bouillon de bœuf
1 œuf battu
une pincée de gingembre
sel et poivre au goût
15 ml de persil haché

Préparation

Porter le bouillon de bœuf à ébullition. Ajouter le gingembre, puis incorporer l'œuf battu en remuant doucement mais constamment. Cuire jusqu'à ce que l'œuf se défasse en filaments. Saler et poivrer au goût; saupoudrer de persil. Verser dans un contenant de boîte à lunch. Faire réchauffer quelques minutes avant de servir.

POTAGE DE CONCOMBRES
À LA MENTHE

Portions: 2

Ingrédients

15 ml de menthe fraîche finement ciselée
100 g de concombre
250 ml de yogourt nature
30 ml de vinaigre blanc
15 ml d'huile d'olive
une pincée d'aneth frais finement ciselé
sel au goût

Préparation

Peler le concombre; le couper en quatre sur la longueur, l'épépiner et le râper grossièrement. Dans un bol, battre le yogourt au fouet pour le rendre bien lisse, puis incorporer tous les autres ingrédients. Réfrigérer 2 heures avant de servir froid.

POTAGE FROID
À LA MONTÉRÉGIENNE

Portions: 2

Ingrédients

2 pommes pelées et épépinées
2 pommes de terre pelées
1 blanc de poireau bien lavé
1 branche de céleri
500 ml de bouillon léger de volaille
250 ml de lait
sel et poivre au goût
ciboulette

Préparation

Mettre les pommes, les pommes de terre, le céleri et le poireau dans une casserole avec le bouillon de volaille; laisser mijoter une trentaine de minutes. Retirer la casserole du feu et laisser refroidir une dizaine de minutes. Ajouter le lait froid. Liquéfier le tout au mélangeur. Assaisonner au goût. Réfrigérer pendant 2 heures avant de servir froid, garni d'un peu de ciboulette.

POTAGE FROID À L'AVOCAT

Portions: 2

Ingrédients

2 avocats
1 litre de lait
1 oignon émincé
45 g de farine
croûtons

Préparation

Défaire la chair des avocats au presse-purée et liquéfier dans 1 litre de lait. Faire blondir l'oignon émincé dans une casserole; ajouter la farine, puis la mixture avocat-lait comme pour monter une béchamel. Laisser mijoter jusqu'à l'obtention d'une crème. Réfrigérer pendant 2 heures avant de servir froid, avec des croûtons.

POTAGE FROID DE CONCOMBRES AU YOGOURT ET AUX NOIX

Portions: 2

Ingrédients

2 concombres pelés et épépinés
500 ml de yogourt nature
75 ml de noix finement hachées
30 ml d'huile d'olive
½ gousse d'ail hachée
une pincée d'aneth frais
sel et poivre au goût

Préparation

Peler et couper les concombres en deux dans le sens de la longueur; épépiner; saupoudrer de sel et laisser dégorger 15 minutes. Passer sous l'eau froide; déposer sur un papier absorbant, puis couper en petits dés. Mélanger tous les ingrédients dans un bol. Réfrigérer pendant 2 heures avant de servir froid.

POTAGE PARISIEN

Portion: 1

Ingrédients

5 ml de beurre
1 pomme de terre moyenne, émincée
30 ml d'oignon émincé
125 ml de poireau, le blanc et le vert, ciselé
2,5 ml de thym frais (2 pincées s'il est séché)
625 ml d'eau
30 ml de base de poulet
sel et poivre

Préparation

Faire fondre le beurre et faire revenir légèrement la pomme de terre, l'oignon, le poireau et le thym. Ajouter l'eau et la base de poulet; laisser mijoter de 25 à 30 minutes à feu moyen. Saler et poivrer au goût. Verser dans un contenant de boîte à lunch.

POTAGE PROVENÇAL
AUX POMMES DE TERRE

Portion: 1

Ingrédients

5 ml de beurre
30 ml d'oignon haché
30 ml de courgette en dés
30 ml d'aubergine en dés
30 ml de tomate fraîche coupée en dés
½ gousse d'ail hachée
une pincée de basilic
une pincée d'origan
625 ml d'eau
30 ml de base de poulet
1 pomme de terre moyenne coupée en dés
sel et poivre
5 ml de persil haché

Préparation

Dans un chaudron, faire fondre le beurre et y faire revenir l'oignon, les dés de courgette, d'aubergine et de tomate, l'ail, le basilic et l'origan. Ajouter ensuite l'eau, la base de poulet, les dés de pomme de terre, le sel et le poivre. Faire mijoter de 25 à 30 minutes. Parsemer de persil. Verser dans un contenant de boîte à lunch. Réchauffer quelques minutes avant de consommer.

VICHYSSOISE DE CAROTTE ET DE POMME DE TERRE À L'OSEILLE

Portion: 1

Ingrédients

5 ml de beurre
60 ml d'oseille fraîche hachée
1 ½ pomme de terre moyenne, coupée en petits
    morceaux
125 ml de carotte coupée en petits morceaux
500 ml d'eau
30 ml de base de poulet
2,5 ml de sucre
60 ml de crème 35 %
sel et poivre
2,5 ml d'oseille fraîche hachée

Préparation

Dans un chaudron, faire fondre le beurre et y faire revenir d'abord 60 ml d'oseille, puis les morceaux de carotte et de pomme de terre. Ajouter ensuite l'eau, la base de poulet et le sucre. Laisser mijoter de 20 à 25 minutes à feu moyen. Incorporer la crème, laisser frémir et passer ensuite au mélangeur. Réfrigérer. Parsemer d'oseille hachée. Verser dans un contenant de boîte à lunch.

LES
SALADES

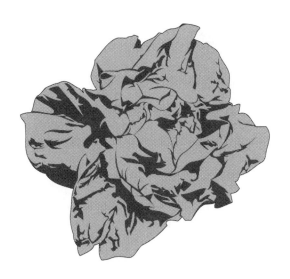

SALADE ARC-EN CIEL
DE CANARD

Ingrédients

85 g de pâtes arc-en-ciel
½ orange en suprêmes
½ pamplemousse en suprêmes
½ pomme moyenne coupée en dés
jus de citron
80 ml de céleri coupé en biseau
60 ml d'oignon rouge haché
250 ml de canard cuit, coupé en dés
45 ml de petites olives noires
1 feuille de laitue romaine
30 ml d'amandes effilées, grillées

Vinaigrette

60 ml d'huile
15 ml de sucre à fruits
15 ml de jus de citron
15 ml de jus d'orange
5 ml de vinaigre
1 ml de paprika
sel et poivre au goût

Préparation

Faire cuire les pâtes tel qu'il est indiqué sur l'emballage. Égoutter et laisser refroidir.

Enlever la membrane des quartiers d'orange et de pample-mousse afin d'obtenir des suprêmes. Couper chaque suprême en deux. Couper la pomme en dés et arroser aussitôt d'un peu de jus de citron pour stopper l'oxydation. Combiner les fruits, les pâtes, le céleri, l'oignon, le canard et les olives. Ajouter 60 ml de vinaigrette et mêler bien. Réfrigérer 1 heure. Placer une feuille de laitue dans un contenant de boîte à lunch, déposer la salade au centre, arroser du reste de vinaigrette, parsemer d'amandes effilées.

SALADE ARC-EN-CIEL DE TOFU ET DE LÉGUMES

Portion: 1

Ingrédients

85 g de nouilles arc-en-ciel
60 ml de tofu aux herbes, coupé en dés
30 ml de carotte râpée
30 ml de céleri haché
30 ml de poivron vert haché
30 ml d'oignon haché
30 ml d'olives vertes, farcies et tranchées
3 tomates cerises, coupées en 4
60 ml de vinaigrette italienne
15 ml de persil frais haché

Préparation

Faire cuire les pâtes tel qu'il est indiqué sur l'emballage. Égoutter et laisser refroidir. Mêler tous les légumes; ajouter aux nouilles refroidies. Verser la vinaigrette; saupoudrer de persil frais haché. Placer dans un contenant de boîte à lunch.

SALADE AUX ŒUFS
ET AUX AGRUMES

Portions: 2

Ingrédients

2 œufs durs
125 ml de ricotta
60 ml de vinaigre de framboise
5 ml de cassonade
60 ml de sirop d'érable
60 ml de suprêmes de pamplemousse
60 ml de suprêmes d'orange
60 ml de suprêmes de lime
60 ml de pruneaux dénoyautés
2 feuilles de laitue frisée

Préparation

Écaler les œufs durs, les couper en morceaux et réserver. Dans un bol, mettre le fromage ricotta, ajouter le vinaigre de framboise, la cassonade et le sirop d'érable. Mêler bien. Ajouter ensuite les suprêmes d'agrumes, les pruneaux et les œufs. Disposer les feuilles de laitue frisée dans un contenant de boîte à lunch, verser le mélange d'agrumes au centre.

SALADE AUX ŒUFS ET AUX FARFALLES, AU BLEU ET AU THON

Portions: 2

Ingrédients

2 œufs durs
125 ml de fromage bleu danois
125 ml de crème 35 %
60 ml de vinaigre balsamique
sel et poivre au goût
15 ml de livèche hachée
15 ml d'oseille hachée
250 ml de farfalles, cuites *al dente*
125 ml de thon émietté
3 feuilles de laitue

Préparation

Écaler les œufs durs, les couper en cubes et réserver. Dans un bol, écraser le fromage bleu, ajouter la crème et le vinaigre. Saler et poivrer au goût. Ajouter ensuite la livèche, l'oseille, puis les pâtes et le thon. Bien mélanger. Incorporer délicatement les œufs. Disposer les feuilles de laitue dans un contenant de boîte à lunch, verser le mélange au centre.

SALADE AUX ŒUFS ET AUX HARICOTS, AU POIVRON ET AU CANARD

Portions: 2

Ingrédients

2 œufs durs
125 ml d'huile d'olive
1 gousse d'ail finement hachée
4 feuilles de menthe hachées
45 ml de vinaigre de vin
sel et poivre au goût
125 ml de haricots verts cuits
125 ml de haricots jaunes cuits
60 ml de poivron rouge ciselé
60 ml de poivron vert ciselé
60 ml de céleri en fine julienne
125 ml de julienne de canard froid, cuit
3 feuilles de laitue

Préparation

Écaler les œufs, les couper en quartiers. Réserver. Dans un bol, mêler l'huile, l'ail, la menthe; fouetter en incorporant le vinaigre. Saler et poivrer au goût. Ajouter ensuite les haricots, les poivrons, le céleri et la julienne de canard. Bien mélanger. Incorporer délicatement les œufs. Disposer les feuilles de laitue dans un contenant de boîte à lunch. Verser le mélange au centre.

SALADE AUX ŒUFS
ET AUX LANGOUSTINES

Portions: 2

Ingrédients

2 œufs durs hachés
45 ml de vinaigre de vin rouge
125 ml d'huile d'olive
5 ml de basilic
5 ml de ciboulette
1 gousse d'ail hachée
sel et poivre au goût
250 ml de riz blanc, cuit et refroidi
60 ml de céleri émincé
½ avocat tranché et arrosé de jus de citron
4 langoustines cuites à l'eau et décortiquées
60 ml de dés de tomate
30 ml d'amandes hachées

Préparation

Écaler les œufs durs, les hacher et réserver. Dans un bol, verser le vinaigre et incorporer l'huile peu à peu en fouettant. Ajouter le basilic, la ciboulette et l'ail. Saler et poivrer au goût. Réserver un peu de vinaigrette pour les langoustines. Ajouter le riz, le céleri et l'œuf. Réserver. Dans une assiette, disposer les tranches d'avocat (légèrement arrosées de jus de citron pour prévenir l'oxydation) en éventail en partant du rebord de l'assiette. Déposer le mélange d'œufs et de riz sur le dessus. Disposer ensuite les langoustines, parsemer de dés de tomate et d'amandes hachées. Placer dans un contenant de boîte à lunch. Au moment de servir, arroser de la vinaigrette réservée.

SALADE AUX ŒUFS ET AUX PÂTES

Ingrédients

2 œufs durs
60 ml de yogourt nature
45 ml de vinaigre de framboise
2,5 ml de basilic
1 gousse d'ail hachée
sel et poivre au goût
250 ml de fettuccine, cuites *al dente*
1 tranche de jambon de Parme émincée
2 feuilles de laitue
125 ml d'épinards finement ciselés
10 ml de persil haché

Préparation

Écaler les œufs durs, les couper en morceaux et réserver. Dans un bol, mêler le yogourt, le vinaigre, le basilic et l'ail. Saler et poivrer au goût. Ajouter les pâtes cuites, égouttées et refroidies. Ajouter ensuite le jambon; mélanger. Incorporer délicatement les œufs. Disposer les feuilles de laitue dans une assiette; étaler les épinards ciselés et y verser le mélange d'œufs et de pâtes. Parsemer de persil frais haché. Répartir dans des contenants de boîte à lunch.

SALADE AUX ŒUFS ET AUX PIGNONS DE PIN

Portions: 2

Ingrédients

2 œufs durs
45 ml de vinaigre de vin blanc
60 ml d'oseille hachée
sel et poivre au goût
60 ml d'huile d'olive
6 feuilles de laitue frisée rouge
160 ml de cubes de pommes de terre cuits
60 ml de cœurs d'artichauts en quartiers
250 ml de pignons de pin grillés
45 ml de poivron rouge haché

Préparation

Couper les œufs en deux, retirer le jaune et mettre de côté. Dans un bol, verser le vinaigre, ajouter l'oseille et les jaunes d'œufs bien écrasés. Saler et poivrer. Incorporer l'huile en fouettant pour émulsionner. Réserver. Prendre quatre feuilles de laitue frisée et les découper en morceaux. Ajouter les blancs d'œufs coupés en cubes, les cubes de pommes de terre, les cœurs d'artichauts et les pignons de pin. Incorporer au premier mélange. Bien mêler. Dans des contenants de boîte à lunch, disposer les deux feuilles de laitue qui restent, y verser le mélange d'œufs. Parsemer de poivron rouge.

SALADE AUX ŒUFS ET AUX POMMES DE TERRE BLEUES

Portions: 2

Ingrédients

2 œufs durs
jus d'un citron moyen
60 ml d'oignon rouge haché
45 ml d'estragon haché
2 pincées de girofle moulu
30 ml de vinaigre de cidre
125 ml d'huile d'olive
sel et poivre au goût
250 ml de pommes de terre bleues, cuites, égouttées,
    coupées en cubes et refroidies
125 ml de petites crevettes
3 feuilles de laitue
6 petites asperges fraîches (3 vertes, 3 blanches)

Préparation

Écaler les œufs et les couper en quartiers. Réserver. Dans un bol, mêler le jus de citron, l'oignon, l'estragon, le girofle et le vinaigre. Ajouter l'huile en fouettant pour émulsionner. Saler et poivrer au goût. Incorporer ensuite les pommes de terre, les crevettes et, enfin, les œufs. Mélanger délicatement. Dans un contenant de boîte à lunch, disposer les feuilles de laitue et y disposer en éventail les asperges en alternant verte/blanche. Verser le mélange d'œufs/pommes de terre par-dessus.

SALADE AUX ŒUFS, AU RIZ ET AUX LÉGUMES VERTS

Portions: 2

Ingrédients

2 œufs durs
125 ml de fromage à la crème
45 ml de crème 15 %
jus d'un citron vert moyen
5 ml d'origan frais haché
60 ml de bière
sel et poivre au goût
250 ml de riz blanc, cuit et refroidi
60 ml de poivron vert ciselé
125 ml de petits pois frais ou surgelés, cuits, égouttés
3 feuilles de laitue frisée
125 ml de pois mange-tout
30 ml de graines de tournesol, non salées

Préparation

Écaler les œufs durs, les couper en cubes et réserver. Dans un bol, mêler le fromage à la crème, la crème, le jus de citron, l'origan et la bière. Saler et poivrer au goût. Ajouter le riz, le poivron vert et les petits pois. Bien mélanger. Incorporer délicatement les œufs. Disposer les feuilles de laitue dans un contenant de boîte à lunch; verser le mélange au centre. Piquer les pois mange-tout tout autour de la salade. Parsemer de graines de tournesol.

SALADE AUX ŒUFS ET
AUX TOMATES TROIS COULEURS

Portions: 2

Ingrédients

2 œufs durs
45 ml de vinaigre de vin rouge
15 ml de menthe fraîche grossièrement hachée
1 gousse d'ail hachée
sel et poivre au goût
60 ml d'huile d'olive
60 ml d'oignon rouge émincé
125 ml de cubes de tomate verte
125 ml de cubes de tomate rouge
125 ml de cubes de tomate jaune
250 ml de jeunes feuilles de pissenlit
10 ml de graines de pavot grillées

Préparation

Couper les œufs durs en deux; retirer le jaune et mettre de côté. Couper les blancs en cubes. Dans un bol, mêler le vinaigre, la menthe, l'ail, du sel et du poivre et fouetter en incorporant l'huile pour émulsionner. Ajouter ensuite les jaunes d'œufs écrasés, l'oignon, les tomates et les blancs d'œufs. Mélanger. Disposer les feuilles de pissenlit dans un contenant de boîte à lunch, verser le mélange dessus. Parsemer de graines de pavot.

SALADE DE BŒUF HACHÉ

Portions: 2

Ingrédients

15 ml d'huile
30 ml d'oignon haché
225 g de bœuf haché
une pincée d'origan
30 ml de sauce salsa forte
sel et poivre au goût
160 ml de laitue en julienne
60 ml de dés de tomate
60 ml de cheddar marbré, râpé
30 ml de crème 15 %
5 ml de jus de citron
30 ml de tranches d'olives noires

Préparation

Dans une poêle, faire chauffer l'huile et y faire revenir l'oignon. Ajouter le bœuf haché et faire brunir en défaisant les grains à la fourchette. Ajouter ensuite l'origan et la sauce salsa. Saler et poivrer au goût et cuire jusqu'à ce que la viande soit bien cuite et qu'il n'y ait plus de liquide. Répartir la laitue dans le fond d'un grand bol et y disposer la viande. Ajouter ensuite les dés de tomate et le fromage. Répartir dans des contenants de boîte à lunch. Dans un petit bol, mêler la crème et le jus de citron; verser sur la salade au moment de servir. Parsemer de tranches d'olives noires. Peut être mangé froid ou réchauffé.

SALADE DE BOUCLES À L'ÉDAM

Portion: 1

Ingrédients

85 g de boucles
60 ml de mayonnaise
60 ml de poivron rouge en petits cubes
60 ml de poivron vert en petits cubes
60 ml d'échalotes ciselées
1 ml de grains d'anis broyés
une pincée de thym
15 ml de persil
15 ml de moutarde de Dijon
5 ml de sauce soya
sel et poivre au goût
125 ml de fromage édam en cubes
un bouquet de cresson

Préparation

Faire cuire les pâtes tel qu'il est indiqué sur l'emballage. Égoutter et laisser refroidir.

Dans un bol, mélanger la mayonnaise, les poivrons rouge et vert, les échalotes, l'anis, le thym, le persil, la moutarde, la sauce soya. Saler et poivrer au goût. Incorporer le fromage. Verser le tout sur les pâtes refroidies. Mêler délicatement. Décorer d'un bouquet de cresson. Placer dans un contenant de boîte à lunch.

SALADE DE CAROTTES

Ingrédients

2 grosses carottes crues
60 ml de raisins secs
90 ml de jus d'orange
1,5 ml de sucre
sel et poivre au goût

Garniture

6 petits bouquets de persil

Préparation

Râper les carottes ou les couper en julienne. Mélanger tous les ingrédients et réfrigérer de 30 à 60 minutes avant de servir. Décorer de petits bouquets de persil.

SALADE DE CAROTTES ET DE RAISINS À L'ORANGE

Portions: 2

Ingrédients

5 ml de moutarde de Dijon
60 ml d'huile d'olive
30 ml de vinaigre blanc
30 ml de jus d'orange non sucré
350 ml de carottes en julienne, légèrement blanchies
125 g de bouquets de brocoli blanchis
60 g de raisins secs
1 oignon vert émincé
80 g de fromage cheddar
15 ml de persil frais haché
sel et poivre au goût

Préparation

Mélanger la moutarde, l'huile d'olive, le vinaigre et le jus d'orange; assaisonner. Ajouter les carottes, le brocoli, les raisins secs, l'oignon vert, le fromage et le persil; bien mélanger. Répartir dans des contenants de plastique.

SALADE DE CONCOMBRES
À LA VINAIGRETTE

Portions : 2

Ingrédients

10 ml de moutarde de Dijon
80 ml d'huile d'olive
30 ml de vinaigre
sel et poivre au goût
4 tomates coupées en morceaux
½ concombre anglais épépiné et émincé
15 ml de ciboulette hachée
2,5 ml de mélange d'épices italiennes
15 ml de persil frais haché

Préparation

Mélanger la moutarde, l'huile d'olive et le vinaigre; assaisonner. Ajouter les tomates, le concombre, la ciboulette, les épices et le persil; bien mélanger. Répartir dans des contenants de boîte à lunch.

SALADE DE CONCOMBRES AU TOFU ET À LA CRÈME SURE

Portions: 2

Ingrédients

125 ml de tofu frais émietté
125 ml de crème sure
10 ml de jus de citron
5 ml d'estragon frais haché
5 ml de coriandre fraîche hachée
½ gousse d'ail hachée
sel et poivre au goût
375 ml de concombre pelé, épépiné et émincé
250 ml de tofu frais, coupé en lanières
une douzaine de branches de ciboulette entières
2 petits bouquets de persil
2 fleurs de pensée

Préparation

Passer au mélangeur le tofu émietté, la crème sure, le jus de citron, l'estragon, la coriandre, l'ail, le sel et le poivre. Laisser reposer 1 heure au réfrigérateur. Mêler, à part, le concombre et le tofu en lanières. Disposer le mélange concombre/tofu et arroser de sauce. Au centre de la salade, piquer les branches de ciboulette, déposer les petits bouquets de persil de chaque côté et au centre, la fleur de pensée. Répartir dans des contenants de boîte à lunch.

SALADE DE COQUILLES
À LA GOBERGE ET AUX AGRUMES

Portion: 1

Ingrédients

85 g de coquilles
125 ml de goberge en morceaux
1 oignon vert haché
1 ml d'ail finement haché
3 suprêmes de pamplemousse coupés en deux
3 suprêmes d'orange coupés en deux
3 suprêmes de citron coupés en deux
60 ml de céleri coupé en tronçons
30 ml de noix de Grenoble grossièrement hachées
60 ml de chou rouge en julienne
45 ml d'huile d'olive
15 ml de jus de citron
2,5 ml de sauce soya
sel et poivre au goût
5 ml de ciboulette fraîche hachée

Préparation

Faire cuire les pâtes tel qu'il est indiqué sur l'emballage. Égoutter et laisser refroidir.

Dans un bol, mêler l'oignon vert, l'ail, les agrumes, le céleri, les noix et le chou. Incorporer les pâtes et la goberge. Dans un petit bol, mêler l'huile, le jus de citron et la sauce soya. Verser sur la salade. Saler et poivrer au goût; saupoudrer de ciboulette. Placer dans un contenant de boîte à lunch.

SALADE DE COQUILLES AU POULET

Ingrédients

85 g de petites coquilles
80 ml de cubes de poulet cuit
30 ml de petits pois surgelés, cuits et égouttés
30 ml de tomate en dés
30 ml de courgette en dés
15 ml d'oignon rouge
10 ml de persil frais haché

Vinaigrette

15 ml de vinaigre de vin rouge
15 ml de yogourt nature
15 ml de mayonnaise
2 pincées d'estragon
sel et poivre au goût

Préparation

Faire cuire les pâtes tel qu'il est indiqué sur l'emballage. Égoutter et laisser refroidir.

Dans un bol, mêler délicatement le poulet, les petits pois, la tomate, la courgette et l'oignon. Réserver le persil. Dans un autre bol, préparer la vinaigrette. Dans un saladier, déposer les pâtes refroidies, arroser de vinaigrette, ajouter les légumes et mêler bien. Rectifier l'assaisonnement au besoin. Saupoudrer de persil. Placer dans un contenant de boîte à lunch.

SALADE DE COUSCOUS AU THON ET AUX ARACHIDES

Portions: 2

Ingrédients

10 ml de moutarde de Dijon
80 ml d'huile d'olive
30 ml de vinaigre
sel et poivre au goût
250 ml de couscous, cuit selon les indications sur
    l'emballage
1 boîte (184 g) de thon blanc conservé dans l'eau, égoutté
    et émietté
125 ml de céleri émincé
1 oignon vert émincé
2 tomates épépinées et coupées en dés
125 ml de concombre anglais, épépiné et émincé
½ poivron vert émincé
15 ml de persil frais haché
80 ml d'arachides non salées, légèrement grillées
15 ml de jus de citron

Préparation

Mélanger la moutarde, l'huile d'olive et le vinaigre; assaisonner. Ajouter le couscous, le thon, le céleri, l'oignon vert, les dés de tomates, le concombre, le poivron vert, le persil, les arachides et le jus de citron; bien mélanger.

SALADE DE FUSILLI
À L'ÉMINCÉ DE DINDE

Portions : 2

Ingrédients

10 ml de moutarde de Dijon
80 ml d'huile d'olive
30 ml de vinaigre
sel et poivre au goût
180 ml de bouquets de chou-fleur blanchis
125 ml de carottes en julienne, blanchies
1 tomate épépinée et coupée en dés
½ concombre anglais, épépiné et émincé en
    demi-rondelles
½ poivron, vert ou rouge, émincé
200 g de tranches de dinde cuite, émincées
200 g de fusilli, cuits
8 olives farcies
15 ml de persil frais haché
4 tranches de pain de blé au lait, grillées et coupées en
    triangles

Préparation

Mélanger la moutarde, l'huile et le vinaigre ; assaisonner.
Ajouter les bouquets de chou-fleur, les carottes, la tomate, le
concombre, le poivron, la dinde, les fusilli, les olives et le persil ;
bien mélanger. Répartir dans des contenants de boîte à lunch.
Au moment de servir, accompagner du pain de blé grillé.

SALADE DE FUSILLI AUX CŒURS D'ARTICHAUTS

Portions: 2

Ingrédients

110 g de fusilli
175 g de cœurs d'artichauts
60 ml de mayonnaise
1 gousse d'ail
10 ml de jus de citron
1 ml de moutarde de Dijon
60 ml de pois surgelés, cuits et égouttés
sel et poivre au goût
1 feuille de laitue romaine
4 tomates cerises, salées et poivrées au goût
5 ml de persil frais haché

Préparation

Faire cuire les pâtes tel qu'il est indiqué sur l'emballage. Égoutter et laisser refroidir.

Fouetter ensemble la mayonnaise, l'ail, le jus de citron et la moutarde de Dijon.

Mêler les pâtes cuites et refroidies, les cœurs d'artichauts coupés en deux ou en quatre et la sauce à l'ail. Incorporer les petits pois. Saler et poivrer au goût. Disposer la feuille de laitue romaine dans un contenant de boîte à lunch, verser la salade au centre, garnir des tomates cerises coupées en deux. Saupoudrer de persil haché.

SALADE DE FUSILLI TRICOLORES ET DE CALMAR

Portion: 1

Ingrédients

85 g de fusilli trois couleurs
125 ml de calmar
60 ml de concombre anglais coupé en dés
30 ml de carotte râpée
5 ml de persil frais haché
125 ml de yogourt nature
60 ml de mayonnaise
22 ml d'huile d'olive
5 ml de jus de citron
quelques gouttes de sauce Worcestershire
sel et poivre au goût
paprika

Préparation

Faire cuire les pâtes tel qu'il est indiqué sur l'emballage. Égoutter et laisser refroidir.

Faire mijoter le calmar dans de l'eau bouillante salée pendant 1 heure. Égoutter; couper en rondelles; déposer dans un bol avec les fusilli. Ajouter le concombre, la carotte et le persil. Bien mêler tous les autres ingrédients; verser sur les pâtes, le calmar et les légumes. Enrober et réfrigérer. Placer dans un contenant de boîte à lunch.

SALADE DE HARICOTS ROUGES
AU JAMBON

Ingrédients

400 g de haricots rouges
200 g de jambon cuit, émincé
2 tomates coupées en dés
350 ml de maïs en grains égoutté
125 ml de céleri émincé
½ poivron vert émincé
1 oignon vert émincé
60 ml de mayonnaise
15 ml de moutarde préparée
15 ml de jus de citron
2,5 ml de mélange d'épices italiennes
une pincée de persil

Préparation

Mélanger les haricots rouges, le jambon, les dés de tomates, le maïs, le céleri, le poivron, l'oignon vert, la mayonnaise, la moutarde, le jus de citron, les épices et le persil; assaisonner. Verser dans des contenants de boîte à lunch.

SALADE DE LÉGUMES À L'ITALIENNE

Portions: 2

Ingrédients

10 ml de moutarde de Dijon
80 ml d'huile d'olive
30 ml de vinaigre
sel et poivre au goût
4 tomates coupées en morceaux
½ concombre anglais épépiné et émincé
15 ml de ciboulette hachée
2,5 ml de mélange d'épices italiennes
15 ml de persil frais haché

Préparation

Mélanger la moutarde, l'huile d'olive et le vinaigre; assaisonner. Ajouter les tomates, le concombre, la ciboulette, les épices et le persil; bien mélanger. Répartir dans des contenants de boîte à lunch.

SALADE DE MACARONI AUX DEUX FROMAGES

Portion: 1

Ingrédients

85 g de macaroni
15 ml d'huile
80 ml de fines rondelles de carotte
60 ml de céleri en morceaux
30 ml d'échalote française
60 ml de poivron vert ou rouge, haché

Vinaigrette

60 ml de fromage cottage
60 ml de fromage ricotta
2,5 ml de moutarde de Dijon
2,5 ml de jus de citron
une pincée de basilic
sel et poivre au goût
1 ml d'ail finement haché
2 feuilles de laitue romaine
5 ml de ciboulette fraîche hachée

Préparation

Faire cuire les pâtes tel qu'il est indiqué sur l'emballage. Égoutter et laisser refroidir.

Dans une poêle, faire chauffer l'huile à feu moyen-doux, faire revenir les rondelles de carotte et le céleri. Laisser refroidir. Ajouter aux pâtes, tout en y ajoutant l'échalote et le poivron. Mêler tous les ingrédients de la vinaigrette et arroser les pâtes.

Remuer pour bien imprégner les macaroni de vinaigrette et réfrigérer. Disposer les feuilles de laitue dans un contenant de boîte à lunch, verser la salade au centre, saupoudrer de ciboulette.

SALADE DE NOUILLES
AUX CREVETTES

Portion: 1

Ingrédients

85 g de nouilles fines aux œufs
½ branche de céleri en julienne
½ carotte en julienne
2 tranches d'oignon rouge défaites en rondelles
60 ml de pois mange-tout
125 ml de crevettes cuites et décortiquées

Vinaigrette aigre-douce

60 ml de sauce soya
60 ml d'eau
15 ml de miel
15 ml de coriandre fraîche hachée
½ gousse d'ail finement hachée

Préparation

Faire cuire les pâtes tel qu'il est indiqué sur l'emballage. Égoutter et laisser refroidir.

Dans un bol, mélanger le céleri, la carotte, les rondelles d'oignon, les pois mange-tout et les crevettes. Mêler tous les ingrédients de la vinaigrette et bien mélanger. Disposer les nouilles refroidies dans un saladier, ajouter les légumes et les crevettes et verser la vinaigrette sur le tout. Mélanger délicatement. Placer dans un contenant de boîte à lunch.

SALADE DE NOUILLES MINCEUR AUX TROIS POIVRES

Portion: 1

Ingrédients

85 g de nouilles plates et larges
la pelure d'un demi-citron, coupée en fine julienne
2,5 ml de poivre vert mariné, écrasé
2,5 ml de baies de genièvre écrasées
2,5 ml de poivre au citron
60 ml de radis coupés en fines rondelles
60 ml de concombre anglais coupé en fines rondelles, avec la pelure
60 ml de suprêmes d'orange coupés en 4
45 ml d'huile d'olive
15 ml de jus de citron
2,5 ml de miel
15 ml de persil frais haché
sel au goût

Préparation

Faire cuire les pâtes tel qu'il est indiqué sur l'emballage. Égoutter et laisser refroidir.

Ajouter la pelure de citron (avec le moins possible de blanc à l'intérieur), les poivres, les baies de genièvre, les tranches de radis, les tranches de concombre et les suprêmes d'orange. Dans un bol, mêler l'huile, le jus de citron et le miel. Verser sur les nouilles et incorporer délicatement. Saler si désiré. Saupoudrer de persil. Placer dans un contenant de boîte à lunch.

SALADE DE PÂTES ET DE POMMES DE TERRE

Ingrédients

125 ml de risoni
125 ml de pommes de terre en cubes
7,5 ml d'huile d'olive
2,5 ml de graines de moutarde
30 ml d'oignon rouge haché
1 ml d'ail finement haché
1 ml de cumin moulu
60 ml de poivron vert
60 ml de poivron rouge
60 ml de suprêmes de mandarine

Vinaigrette

45 ml d'olives farcies, coupées en deux
30 ml de jus d'orange
30 ml d'huile d'olive
3 petits bouquets de persil italien

Préparation

Faire cuire les pâtes tel qu'il est indiqué sur l'emballage. Égoutter et laisser refroidir.

Faire cuire les pommes de terre dans de l'eau salée, égoutter et laisser refroidir. Dans une poêle, faire chauffer l'huile et faire revenir les graines de moutarde jusqu'à ce qu'elles commencent à éclater. Ajouter l'oignon et l'ail; cuire jusqu'à ce que l'oignon soit tendre. Ajouter le cumin. Remuer. Ajouter les pommes de terre refroidies. Faire rissoler jusqu'à ce qu'elles soient légèrement brunies. Retirer du feu et laisser refroidir. Combiner le mélange de pommes de terre, les pâtes, les poivrons et les suprêmes de mandarine. Remuer délicatement. Dans un bol, mélanger tous les ingrédients de la vinaigrette et incorporer délicatement à la salade. Décorer de bouquets de persil italien et placer dans un contenant de boîte à lunch.

SALADE DE PLUMES AU THON

Ingrédients

85 g de plumes
80 ml de haricots verts frais, coupés en morceaux
45 ml de mayonnaise
5 ml de jus de citron
2,5 ml de moutarde de Dijon
5 ml d'aneth frais haché ou
    2,5 ml d'aneth séché
sel et poivre au goût
30 ml de thon en boîte, égoutté et émietté
22 ml de tranches fines de radis
1 branche de fenouil frais pour décorer

Préparation

Faire cuire les pâtes tel qu'il est indiqué sur l'emballage. Cinq minutes avant la fin de la cuisson, ajouter les haricots dans l'eau des pâtes. Égoutter et laisser refroidir.

Dans un bol, mélanger la mayonnaise, le jus de citron, la moutarde et l'aneth. Saler et poivrer au goût. Ajouter ensuite les pâtes et les haricots, le thon et les tranches de radis. Mêler pour bien enrober le tout. Réfrigérer. Garnir d'une branche de fenouil frais. Verser dans un contenant de boîte à lunch.

SALADE DE POMMES DE TERRE À LA CRÈME SURE ET AU POIVRE VERT

Portion: 1

Ingrédients

1 pomme de terre moyenne coupée en petits cubes
250 ml de crème sure
15 ml d'anis broyé
45 ml de poivre vert mariné
15 ml de jus de citron vert
sel et poivre au goût
15 ml de ciboulette hachée

Préparation

Faire cuire la pomme de terre *al dente*, à l'eau salée; passer ensuite sous l'eau froide pour accélérer le refroidissement. Égoutter et réserver. Dans un bol, mêler la crème sure, l'anis, le poivre vert et le jus de citron. Incorporer les pommes de terre. Saler et poivrer au goût. Parsemer de ciboulette et verser dans un contenant de boîte à lunch.

SALADE DE POMMES DE TERRE À LA GRECQUE

Portion: 1

Ingrédients

1 pomme de terre moyenne coupée en petits cubes
45 ml d'huile d'olive
45 ml de vinaigre
30 ml d'oignon haché
2,5 ml d'ail haché
30 ml de persil haché
30 ml d'olives noires en morceaux
2,5 ml d'épices grecques
sel et poivre au goût
60 ml de fromage feta coupé en petits cubes

Préparation

Faire cuire la pomme de terre *al dente*, à l'eau salée; passer ensuite sous l'eau froide pour accélérer le refroidissement. Égoutter et réserver. Dans un bol, fouetter ensemble l'huile, le vinaigre, l'oignon, l'ail, le persil, les olives et les épices grecques. Incorporer les pommes de terre et le fromage feta. Saler et poivrer au goût. Verser dans un contenant de boîte à lunch.

SALADE DE POMMES DE TERRE À L'OIGNON ROUGE

Portion: 1

Ingrédients

1 pomme de terre moyenne coupée en gros dés
5 ml de moutarde de Dijon
45 ml de basilic frais haché
30 ml d'huile d'olive
45 ml de vinaigre de vin rouge
sel et poivre au goût
45 ml d'oignon rouge émincé
un petit bouquet de persil

Préparation

Faire cuire les dés de pomme de terre *al dente*, à l'eau salée; passer ensuite sous l'eau froide pour accélérer le refroidissement. Égoutter et réserver. Dans un bol, mêler la moutarde et le basilic. Incorporer l'huile en fouettant bien. Ajouter le vinaigre de vin rouge. Saler et poivrer au goût. Mêler les oignons hachés aux morceaux de pomme de terre; verser la vinaigrette. Laisser mariner 1 heure au réfrigérateur. Décorer d'un bouquet de persil. Verser dans un contenant de boîte à lunch. Remuer avant de servir.

SALADE DE POMMES DE TERRE AU PEPPERONI FORT, AUX OLIVES ET AU GINGEMBRE

Portion: 1

Ingrédients

1 pomme de terre moyenne coupée en petits cubes
10 ml de gingembre fraîchement râpé
5 ml de muscade
45 ml de vinaigre de vin rouge
45 ml d'huile d'olive
5 ml de jus de citron
60 ml de pepperoni fort
60 ml d'olives noires émincées
sel
un bouquet de menthe fraîche
5 ml de persil haché

Préparation

Faire cuire la pomme de terre *al dente*, à l'eau salée; passer ensuite sous l'eau froide pour accélérer le refroidissement. Égoutter et réserver. Dans un bol, mêler le gingembre, la muscade et le vinaigre. Incorporer l'huile en fouettant. Ajouter ensuite le jus de citron, les cubes de pomme de terre, le pepperoni, les olives et le sel. Réfrigérer. Saupoudrer de persil, garnir de menthe fraîche et verser dans un contenant de boîte à lunch.

SALADE DE POMMES DE TERRE AU PORC FRAIS

Portion: 1

Ingrédients

1 pomme de terre moyenne
60 ml de porc frais, maigre, haché
30 ml d'oignon émincé
30 ml de poivron vert haché
15 ml de carotte râpée
15 ml de céleri finement haché
1 radis tranché mince
1 ml d'ail finement haché
45 ml de mayonnaise
sel et poivre au goût
5 ml de persil frais haché

Préparation

Faire cuire la pomme de terre épluchée dans de l'eau salée. Égoutter, laisser refroidir et couper en petits cubes. Dans un bol, mêler le porc frais haché, l'oignon, le poivron, la carotte, le céleri, le radis et l'ail. Ajouter les cubes de pomme de terre. Incorporer délicatement la mayonnaise. Saler et poivrer au goût. Verser dans un contenant de boîte à lunch. Saupoudrer de persil.

SALADE DE POMMES DE TERRE AU THON

Portion: 1

Ingrédients

1 pomme de terre moyenne coupée en julienne
30 ml d'huile
30 ml de câpres finement hachées
45 ml de vinaigre balsamique
sel et poivre au goût
15 ml de jus de citron vert
1 feuille de laitue
125 ml de thon émietté
30 ml de persil frais haché

Préparation

Faire cuire la pomme de terre *al dente*, à l'eau salée; passer ensuite sous l'eau froide pour accélérer le refroidissement. Égoutter, couper en julienne et réserver. Dans un bol, fouetter l'huile, le vinaigre, les câpres, le sel, le poivre et le jus de citron. Déposer la julienne de pommes de terre sur la feuille de salade; émietter le thon. Verser la vinaigrette sur le tout. Parsemer de persil et verser dans un contenant de boîte à lunch.

SALADE DE POMMES DE TERRE ESTIVALE

Portion: 1

Ingrédients

1 pomme de terre moyenne
30 ml de mini-bouquets de chou-fleur
30 ml de mini-bouquets de brocoli
1 oignon vert
15 ml de blanc de poireau finement haché
30 ml de céleri
15 ml de poivron vert
45 ml de mayonnaise
5 ml d'huile
1 œuf dur
sel et poivre au goût
15 ml de persil frais haché

Préparation

Faire cuire la pomme de terre dans de l'eau salée. Égoutter, laisser refroidir et couper en cubes. Dans un bol, mélanger l'oignon vert, le poireau, le céleri et le poivron vert. Ajouter ensuite les cubes de pomme de terre refroidis, les bouquets de chou-fleur et de brocoli, le sel et le poivre. Verser l'huile dans la mayonnaise; incorporer aux légumes. Remuer délicatement. Couper l'œuf dur en fines tranches; disposer ces dernières sur la salade. Saupoudrer de persil. Saler et poivrer à nouveau au goût. Verser dans un contenant de boîte à lunch.

SALADE DE POMMES DE TERRE MULTICOLORE

Portion: 1

Ingrédients

1 pomme de terre moyenne coupée en julienne
45 ml d'huile
45 ml de vinaigre de vin blanc
30 ml de cerfeuil frais haché
sel et poivre au goût
60 ml de poivron rouge en julienne
60 ml de poivron vert en julienne
60 ml de poivron jaune en julienne
45 ml d'oignon rouge émincé
1 petit bouquet de persil

Préparation

Faire cuire la julienne de pomme de terre *al dente*, à l'eau salée; passer ensuite sous l'eau froide pour accélérer le refroidissement. Égoutter et réserver. Dans un bol, mêler l'huile, le vinaigre, le cerfeuil, le sel et le poivre. Ajouter la julienne de pomme de terre, les poivrons et l'oignon. Verser dans un contenant de boîte à lunch, en décorant d'un petit bouquet de persil.

SALADE DE POMMES DE TERRE PRINTANIÈRE

Portion: 1

Ingrédients

1 pomme de terre moyenne coupée en petits dés
1 jaune d'œuf
5 ml de moutarde de Dijon
2,5 ml de thym frais
60 ml d'huile
30 ml de vinaigre
sel et poivre
30 ml de carotte râpée
30 ml de céleri en petits dés
30 ml de rabiole râpée
30 ml de tomate fraîche coupée en petits dés
2 olives vertes dénoyautées et tranchées
quelques feuilles de radicchio
5 ml de persil frais haché

Préparation

Faire cuire les cubes de pomme de terre *al dente*, à l'eau salée; passer ensuite sous l'eau froide pour accélérer le refroidissement. Égoutter et réserver. Dans un bol, bien mêler le jaune d'œuf, la moutarde et le thym. Goutte à goutte, en fouettant, ajouter l'huile. Quand la mayonnaise est prise, ajouter le vinaigre. Saler et poivrer au goût. Dans un autre bol, mélanger la pomme de terre, la carotte, le céleri, la rabiole, la tomate et les olives. Incorporer délicatement la mayonnaise aux légumes et réfrigérer. Mélanger de nouveau et verser dans un contenant de boîte à lunch sur un lit de radicchio. Saupoudrer de persil haché.

SALADE DE POULET

Ingrédients

15 ml d'huile
30 ml d'oignon haché
1 petit piment fort, finement haché
225 g de blanc de poulet cru, découpé en lanières
1 gousse d'ail finement hachée
une pincée d'origan
5 ml de sauce soya
sel et poivre au goût
160 ml de laitue en julienne
60 ml de dés de tomate
60 ml de cheddar fort râpé
30 ml de crème 15 %
5 ml de jus de citron
30 ml d'olives vertes farcies, tranchées en deux

Préparation

Dans une poêle, faire chauffer l'huile et y faire revenir les oignons et le piment. Ajouter les lanières de poulet, l'ail, l'origan et la sauce soya. Faire cuire à feu moyen jusqu'à ce que le poulet soit bien cuit. Saler et poivrer au goût. Répartir la laitue dans le fond d'un grand bol et y disposer le poulet. Ajouter les tomates et le fromage. Dans un petit bol, mêler la crème et le jus de citron et en verser sur la salade au moment de servir. Parsemer de moitiés d'olives. Répartir dans des contenants de boîte à lunch. Manger froid, ou réchauffer quelques minutes avant de servir.

SALADE DE RIZ AU CONCOMBRE ET À L'ESTRAGON

Portions: 2

Ingrédients

125 ml de riz blanc à longs grains
250 ml d'eau
sel au goût
250 ml de concombre épépiné et tranché
60 ml de vinaigre de vin rouge
125 ml d'huile d'olive
60 ml d'estragon frais haché
60 ml d'oignon rouge en fines rondelles
sel et poivre au goût
250 ml de jeunes pousses de pissenlit

Préparation

Porter l'eau salée à ébullition, y jeter le riz. Couvrir le chaudron, réduire le feu et laisser mijoter de 15 à 20 minutes. Retirer du feu, égoutter. Rincer à l'eau froide, laisser égoutter de nouveau. Réserver. Mêler les autres ingrédients, sauf les pousses de pissenlit, et laisser mariner pendant 1 heure. Bien remuer; ajouter le riz égoutté et refroidi, incorporer les pousses de pissenlit et placer dans un contenant de boîte à lunch.

SALADE DE RIZ AU TOFU

Portions: 2

Ingrédients

250 ml de tofu frais coupé en cubes
60 ml de vinaigre de vin
60 ml d'huile d'olive
½ gousse d'ail finement hachée
60 ml d'oignon rouge grossièrement haché
60 ml de pleurotes frais émincés
60 ml de poivron vert en lanières
sel et poivre au goût
500 ml de riz cuit
60 ml de mayonnaise
30 ml de crème 35 %
2 feuilles de radicchio

Préparation

Mêler le vinaigre, l'huile et l'ail. Ajouter ensuite l'oignon, les champignons, le poivron vert et les cubes de tofu. Faire mariner le tout pendant 1 heure au réfrigérateur. Égoutter les légumes et le tofu. Réserver. À la vinaigrette, ajouter la mayonnaise et la crème et verser sur le riz. Bien mélanger. Incorporer ensuite délicatement les légumes et le tofu. Répartir ensuite dans des contenants de boîte à lunch au centre d'une feuille de radicchio.

SALADE DE RIZ ET DE GOBERGE

Portions : 2

Ingrédients

125 ml de riz blanc à longs grains
250 ml d'eau
sel au goût
250 ml de goberge à saveur de crabe, hachée
60 ml de céleri en cubes
60 ml de carotte râpée
60 ml d'oignon haché
125 ml de laitue radicchio ciselée
60 ml de mayonnaise
45 ml d'ail finement haché
sel et poivre au goût
2 feuilles de laitue romaine

Préparation

Porter l'eau salée à ébullition, y jeter le riz ; couvrir le chaudron, réduire le feu et laisser mijoter de 15 à 20 minutes. Retirer du feu ; égoutter. Rincer à l'eau froide, laisser égoutter de nouveau. Mélanger tous les autres ingrédients et ajouter au riz égoutté et refroidi. Placer une feuille de laitue romaine dans un contenant de boîte à lunch et y verser la salade.

SALADE DE ROUES
À LA NIÇOISE

Portion: 1

Ingrédients

60 g de roues

1 pomme de terre moyenne, cuite, refroidie, coupée
en cubes

60 ml de haricots verts ou jaunes coupés

60 ml de tomate en dés

60 ml de rondelles d'oignon rouge

30 ml d'olives noires dénoyautées, tranchées

30 ml d'olives vertes farcies, tranchées

60 ml de thon émietté

1 œuf dur coupé en 4

Vinaigrette

15 ml de basilic

15 ml de vinaigre de vin rouge

½ gousse d'ail finement hachée

2,5 ml de moutarde de Dijon

45 ml d'huile d'olive

sel et poivre au goût

Préparation

Faire cuire les pâtes tel qu'il est indiqué sur l'emballage. Égoutter
et laisser refroidir.

Cuire les haricots *al dente*; égoutter et laisser refroidir. Dans un
bol, mélanger les roues, les cubes de pomme de terre, les haricots, les tomates, l'oignon, les olives et le thon. Dans un autre
bol, combiner le basilic, le vinaigre, l'ail et la moutarde. Ajouter

peu à peu l'huile d'olive en fouettant. Saler et poivrer au goût. Verser la vinaigrette dans le premier bol, enrober bien tous les ingrédients de la salade. Garnir de quartiers d'œuf. Placer dans un contenant de boîte à lunch.

SALADE DE TOFU
AUX ONZE SAVEURS

Portions: 2

Ingrédients

250 ml de tofu frais en julienne
125 ml d'endive émincée
125 ml de moules fraîches, décortiquées et cuites
125 ml de jambon de Parme
60 ml de tomate en dés
60 ml de vinaigre de vin
45 ml d'huile d'olive
5 ml d'ail finement haché
5 ml de persil frais haché
5 ml de cerfeuil frais haché
une pincée de chili broyé
feuilles de laitue frisée

Préparation

Mélanger tous les ingrédients, sauf les feuilles de laitue; laisser mariner pendant 1 heure au réfrigérateur. Disposer les feuilles de laitue dans des contenants de boîte à lunch, verser la salade dessus.

SALADE DE TORTELLINI
AU FROMAGE

Portion: 1

Ingrédients

85 g de tortellini au fromage
60 ml de chou mauve en julienne
60 ml de carotte en julienne
60 ml de pois mange-tout
2 oignons verts en julienne
6 lanières de poivron rouge
6 lanières de poivron jaune
125 ml de mayonnaise (idéalement maison)
5 ml de ciboulette fraîche hachée

Préparation

Faire cuire les pâtes tel qu'il est indiqué sur l'emballage. Égoutter et laisser refroidir.

Couper les légumes et les ajouter aux tortellini. Enrober le tout de mayonnaise maison, saupoudrer de ciboulette et placer dans un contenant de boîte à lunch.

SALADE DE TORTIGLIONI AUX TROIS HARICOTS

Portion: 1

Ingrédients

85 g de tortiglioni
60 ml de haricots noirs, en conserve, égouttés
60 ml de haricots blancs, en conserve, égouttés
60 ml de haricots rouges, en conserve, égouttés
2 tranches d'oignon rouge, défaites en rondelles
1 oignon vert haché
30 ml de poivron jaune coupé en petits morceaux
30 ml de minces rondelles de carotte
30 ml de jus de citron
60 ml d'huile d'olive
22 ml de vinaigre de vin rouge
2,5 ml d'ail finement haché
30 ml de coriandre fraîche hachée
sel et poivre au goût

Préparation

Faire cuire les pâtes tel qu'il est indiqué sur l'emballage. Égoutter et laisser refroidir.

Dans un bol, mêler les haricots, les rondelles d'oignon, l'oignon vert, le poivron et les rondelles de carotte. Ajouter les pâtes. Dans un autre bol, mêler le jus de citron, l'huile d'olive, le vinaigre de vin rouge, l'ail et la coriandre. Saler et poivrer au goût. Verser sur la salade. Amalgamer bien. Placer dans un contenant de boîte à lunch.

SALADE DE VERMICELLE AUX LÉGUMES

Portion: 1

Ingrédients

60 g de vermicelle

60 ml de pointes d'asperge en conserve, égouttées

60 ml de concombre anglais coupé en cubes

60 ml de bouquets de brocoli

125 ml de laitue déchiquetée

45 ml d'huile d'olive

15 ml de vinaigre de framboise

sel et poivre au goût

30 ml de noix grossièrement hachées

Préparation

Faire cuire les pâtes tel qu'il est indiqué sur l'emballage. Égoutter et laisser refroidir.

Ajouter les pointes d'asperge, le concombre, le brocoli et la laitue déchiquetée. Mélanger l'huile et le vinaigre de framboise. Verser sur le tout, saler et poivrer au goût. Mêler délicatement. Saupoudrer de noix hachées. Placer dans un contenant de boîte à lunch.

SALADE DU FERMIER

Portions: 2

Ingrédients

2 œufs durs coupés en quartiers
60 ml de petits bouquets de brocoli cuits
60 ml de petits bouquets de chou-fleur cuits
30 ml de carotte coupée en lamelles
60 ml de courgette coupée en lamelles
30 ml de noix de Grenoble émiettées
4 belles feuilles de laitue Boston

Vinaigrette

30 ml de moutarde de Dijon
45 ml de coriandre fraîche hachée
60 ml de vinaigre de vin rouge
45 ml d'huile végétale
sel et poivre au goût

Préparation

Écaler les œufs et les mettre de côté. Préparer ensuite la vinaigrette: dans un bol, déposer la moutarde, la coriandre et le vinaigre; incorporer l'huile en fouettant bien, pour émulsionner, puis saler et poivrer. Couper les légumes cuits, les noix et les œufs, puis les ajouter à la vinaigrette. Mêler délicatement. Laisser reposer une dizaine de minutes. Disposer les feuilles de laitue dans un contenant de boîte à lunch et verser la salade au centre.

SALADE MEXICAINE

Ingrédients

80 ml de maïs en grains, en conserve
30 ml de haricots rouges en conserve
60 ml de dés de tomate fraîche
30 ml de dés de poivron vert

Vinaigrette

22 ml d'huile de maïs
4 ml de vinaigre
4 ml de moutarde de Dijon
sel et poivre au goût

Garniture

1 œuf dur
paprika

Préparation

Dans un bol, mêler le maïs et les haricots rouges égouttés, les dés de tomate et les dés de poivron vert. Bien mêler tous les ingrédients de la vinaigrette jusqu'à émulsion et, au moment de servir, verser sur les légumes. Décorer de quartiers d'œuf saupoudrés de paprika. Répartir dans des contenants de boîte à lunch.

SALADE PRINTANIÈRE

Portions: 2

Ingrédients

2 œufs durs
5 ml d'anchois hachés
45 ml de vinaigre de vin rouge
60 ml d'huile d'olive
60 ml de cerfeuil frais haché
sel et poivre au goût
125 ml de laitue romaine déchiquetée
125 ml de laitue frisée rouge déchiquetée
60 ml de cresson déchiqueté
125 ml de tomate en dés
60 ml de parmesan râpé
2 feuilles de laitue Boston

Préparation

Écaler les œufs et les couper en quartiers; réserver. Dans un bol, mêler les anchois, le vinaigre, l'huile et le cerfeuil. Saler et poivrer au goût. Ajouter la laitue romaine, la laitue frisée et le cresson. Bien mélanger. Incorporer délicatement les œufs, les dés de tomate et le parmesan. Disposer les feuilles de laitue Boston dans un contenant de boîte à lunch, verser le mélange au centre.

SALADE ROMAINE AUX ŒUFS DURS ET AUX ANCHOIS

Portions: 2

Ingrédients

2 œufs durs
60 ml de crème sure
2 pincées de romarin
2 pincées de gingembre
45 ml d'anchois hachés
60 ml de vinaigre d'estragon
sel et poivre au goût
250 ml de cubes de pommes de terre cuits
60 ml de fromage gouda en cubes
2 feuilles de laitue romaine
45 ml d'oignons verts hachés
2 pincées de paprika

Préparation

Écaler les œufs, les couper en cubes et mettre de côté. Dans un bol, mêler la crème sure, le romarin, le gingembre, les anchois et le vinaigre. Saler et poivrer au goût. Incorporer les cubes de pommes de terre cuits, égouttés et refroidis, le fromage gouda et les œufs. Mêler délicatement. Disposer les feuilles de laitue romaine dans un contenant de boîte à lunch, verser la salade au centre; parsemer d'oignon vert et saupoudrer de paprika.

LES
SANDWICHS

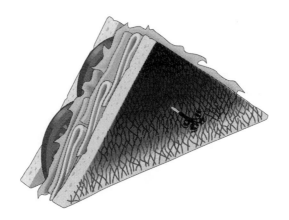

CLUB SANDWICH À LA GOBERGE

Ingrédients

125 ml de goberge
30 ml d'oignon
125 ml de laitue
15 ml de mayonnaise
2 œufs
4 tranches de tomate
6 tranches de pain grillées et beurrées

Préparation

Mettre la goberge, l'oignon, la laitue et la mayonnaise au robot culinaire ou hacher finement les trois premiers ingrédients. Cuire les œufs dans une poêle, en prenant soin de crever le jaune. Étendre sur la première tranche de pain la préparation de goberge. Placer la deuxième tranche de pain, puis y déposer les tranches de tomate et l'œuf. Couvrir de la troisième tranche de pain. Bien envelopper dans une pellicule plastique.

SANDWICH 3 ÉTAGES

Portions: 2

Ingrédients

4 tranches de pain de blé au lait
2 tranches de pain blanc au lait
15 ml de mayonnaise
15 ml de yogourt nature
200 g de poulet cuit tranché
8 feuilles d'épinard
2 tranches de fromage
12 tranches de concombre

Préparation

Tartiner les tranches de pain d'un mélange de mayonnaise et de yogourt. Garnir 2 tranches de pain de blé de poulet et de 2 feuilles d'épinard. Recouvrir de 2 tranches de pain blanc; garnir de fromage, de concombre et de 4 feuilles d'épinard. Terminer le sandwich en recouvrant avec les deux dernières tranches de pain de blé. Bien envelopper dans une pellicule plastique.

SANDWICH 4 ÉTAGES À LA NIÇOISE

Portion: 1

Ingrédients

20 tranches de pain de mie carré
1 boîte (180 g) de thon
125 ml d'olives noires et vertes émincées
2 poivrons doux
2 tomates
4 feuilles de laitue
1 petit concombre
3 œufs durs
45 ml de mayonnaise
cerfeuil et estragon

Préparation

Faire légèrement griller le pain. Beurrer d'un côté. Sur la première tranche, mettre la feuille de laitue, la couvrir de mayonnaise et parsemer de miettes de thon et d'olives dénoyautées et émincées. Superposer la deuxième tranche de pain avec dessus un peu de mayonnaise et un lit de concombre en tranches minces. Sur la troisième tranche de pain, mettre un peu de mayonnaise, des tranches de tomates et d'œufs durs. Sur la quatrième tranche, disposer le beurre, les poivrons coupés en tranches fines, la mayonnaise, quelques brins de cerfeuil et d'estragon, finement hachés. Couvrir avec la dernière tranche de pain, placer au réfrigérateur et presser pendant ½ heure entre deux assiettes creuses. Bien envelopper dans une pellicule plastique.

SANDWICH À LA DINDE AU PUMPERNICKEL

Portions: 2

Ingrédients

4 tranches de pain pumpernickel
30 ml de mayonnaise
6 tranches de poitrine de dinde rôtie
4 tranches de fromage havarti
4 tranches d'avocat
sel et poivre

Préparation

Tartiner les tranches de pain de mayonnaise. Garnir une tranche de pain de dinde et de fromage. Saler et poivrer. Recouvrir d'une tranche de pain. Placer les tranches d'avocat sur les sandwichs. Bien envelopper dans une pellicule plastique.

SANDWICH À LA DINDE ET AUX POIS MANGE-TOUT

Ingrédients

150 g de tranches de poitrine de dinde cuite, coupées en dés
60 ml de fromage coupé en dés
80 ml de pois mange-tout blanchis
200 ml de feuilles de laitue émincées en fines lanières
10 ml de mayonnaise
10 ml de yogourt nature
sel et poivre au goût
4 tranches de pain

Préparation

Dans un bol, mélanger les dés de dinde, le fromage, les pois mange-tout, la laitue, la mayonnaise et le yogourt; assaisonner. Garnir une tranche de pain du mélange à la dinde et recouvrir d'une autre tranche de pain. Bien envelopper dans une pellicule plastique.

SANDWICH À LA POIVRADE

Portion: 1

Ingrédients

1 pain de mie
250 ml de champignons bien frais et blancs
4 artichauts à la poivrade
1 citron
30 ml d'huile d'olive
une dizaine d'olives noires dénoyautées et coupées en
    tranches
30 ml de crème fraîche
2 feuilles de laitue
estragon et ciboulette au goût

Préparation

Couper les champignons et les fonds d'artichauts crus en fines lamelles. Arroser avec le jus de citron et l'huile d'olive. Laisser mariner 1 heure. Bien égoutter les champignons et les artichauts. Mélanger l'estragon et la ciboulette avec la crème. Y incorporer les champignons et les artichauts. Sur chaque tranche de pain, poser une feuille de laitue et la préparation. Garnir avec quelques olives noires dénoyautées et tranchées. Bien envelopper dans une pellicule plastique.

SANDWICH À LA SALADE DE RIZ

Portion: 1

Ingrédients

1 petit pain
125 ml de riz
125 ml de champignons
1 tranche de jambon très épaisse
1 poivron doux rouge
50 g d'olives vertes
1 oignon
45 ml de ketchup
une pincée de cerfeuil, d'estragon et de basilic

Préparation

Faire cuire le riz dans deux fois son volume d'eau pendant 20 minutes. Pendant ce temps, nettoyer et émincer les champignons, le poivron et l'oignon. Dénoyauter les olives vertes et couper en morceaux. Débiter la tranche de jambon en petits cubes. Lorsque le riz est froid, y introduire tous les autres ingrédients et assaisonner avec le ketchup, le cerfeuil, l'estragon et le basilic. Couper le petit pain aux deux tiers. Enlever une partie de la mie et garnir avec la salade de riz. Bien envelopper dans une pellicule plastique.

SANDWICH À LA SALADE DE RÔTI DE PORC

Portions: 2

Ingrédients

5 ml de moutarde de Dijon
15 ml de mayonnaise
5 ml de jus de citron
150 g de tranches de rôti de porc, coupées en dés
60 ml de céleri haché
60 ml de couscous, cuit selon les indications sur
    l'emballage
60 ml de poivron vert ou rouge, haché
5 ml de persil frais haché
sel et poivre au goût
2 feuilles de laitue romaine
2 tranches de pain blanc
2 tranches de pain de blé

Préparation

Mélanger la moutarde, la mayonnaise, le jus de citron, les dés de rôti de porc, le céleri, le couscous, le poivron et le persil; assaisonner. Garnir les 2 tranches de pain blanc du mélange au rôti de porc, ajouter les feuilles de laitue romaine et recouvrir avec les tranches de pain de blé. Bien envelopper dans une pellicule plastique.

SANDWICH À L'ŒUF BROUILLÉ ET AU BACON

Portion: 1

Ingrédients

2 tranches de bacon
1 œuf
2,5 ml de persil
2,5 ml d'oignon vert
sel et poivre au goût
2 tranches de pain, grillées ou non, au goût
beurre, margarine ou mayonnaise pour pain

Préparation

Déposer les deux tranches de bacon dans une poêle et faire cuire jusqu'à ce qu'elles soient croustillantes. Retirer le bacon et réserver. Battre légèrement l'œuf et verser dans la poêle en remuant pour le faire cuire. Ajouter l'oignon et le persil. Saler et poivrer. Étaler sur une tranche de pain (beurrée au goût); saupoudrer le bacon grossièrement émietté et recouvrir de la seconde tranche de pain. Bien envelopper dans une pellicule plastique.

SANDWICH À L'ŒUF DUR

Portion: 1

Ingrédients

1 œuf dur
7,5 ml de poivron vert
1 radis en tranches fines
15 ml de carotte hachée
¼ de branche de céleri haché
30 ml de dés de concombre
15 ml de persil frais
2 tranches de pain

Liaison

22 ml de mayonnaise
2,5 ml de jus de citron
1 ml de moutarde de Dijon
sel et poivre au goût

Préparation

Écaler et trancher grossièrement l'œuf. Ajouter les légumes. Mêler ensuite tous les ingrédients de la sauce de liaison et incorporer délicatement à la salade. Garnir le sandwich et bien envelopper dans une pellicule plastique.

SANDWICH À L'ŒUF FRIT

Ingrédients

10 ml de beurre
1 œuf
sel et poivre
2 tranches de pain

Garniture

Au fromage

1 tranche de fromage au choix (faire fondre le fromage
sur l'œuf cuit).

Au thon

30 ml de thon émietté
2,5 ml d'oignon finement haché

«De luxe»

30 ml de thon émietté
2,5 ml d'oignon finement haché
1 tranche de fromage au choix
2 feuilles de laitue

Préparation

Dans une poêle, faire fondre le beurre. Casser l'œuf. Briser le
jaune sans toutefois brouiller l'œuf. Saler, poivrer et laisser
cuire. Ajouter le fromage, s'il y a lieu. Glisser entre deux tranches de pain. Manger nature ou étaler soit la garniture au
thon, soit la garniture «de luxe». Bien envelopper dans une
pellicule plastique.

SANDWICH À L'ŒUF PILÉ

Portion: 1

Ingrédients

1 œuf dur
1 oignon vert finement haché
sel et poivre au goût
15 ml de mayonnaise
2 tranches de pain
beurre, margarine ou mayonnaise pour pain

Préparation

Hacher l'œuf dur; ajouter l'oignon vert haché. Saler et poivrer au goût. Lier avec la mayonnaise. Étaler le mélange entre deux tranches de pain beurrées au goût. Bien envelopper dans une pellicule plastique.

VARIANTES DU SANDWICH À L'ŒUF PILÉ

Les recettes qui suivent ont toujours la même base, soit celle qui est utilisée dans le sandwich à l'œuf pilé, à laquelle on ajoute d'autres ingrédients pour varier le menu.

AU CAVIAR

Base

Voir la recette «Sandwich à l'œuf pilé»

Garniture

45 ml de fromage cottage
45 ml de caviar
5 ml de ciboulette
1 feuille de laitue frisée rouge, coupée en deux

Préparation

Mêler le fromage cottage, le caviar et la ciboulette. Ajouter au mélange de base. Poser une demi-feuille de laitue sur une tranche de pain, étaler la garniture, recouvrir de la seconde demi-feuille de laitue et couvrir de la seconde tranche de pain. Bien envelopper dans une pellicule plastique.

À LA CHAIR DE HOMARD ET AUX BLEUETS

Base

Voir la recette «Sandwich à l'œuf pilé»

Garniture

1 petite queue de homard hachée finement
5 ml de menthe fraîche finement hachée
45 ml de bleuets frais finement hachés
1 pincée de gingembre moulu frais
2 pincées de poivre concassé
2 feuilles de laitue Boston

Préparation

Mêler le homard, la menthe, les bleuets et le gingembre. Ajouter au mélange de base. Poser une feuille de laitue sur une tranche de pain, étaler la garniture, saupoudrer de poivre. Recouvrir de la seconde feuille de laitue et couvrir de la seconde tranche de pain. Bien envelopper dans une pellicule plastique.

À LA VIANDE FUMÉE

Base

Voir la recette «Sandwich à l'œuf pilé»

Garniture

3 tranches de viande fumée (*smoked meat*)
15 ml de coriandre fraîche hachée
½ cornichon à l'aneth (*dill pickle*) coupé en lamelles
2 feuilles de laitue

Préparation

Ajouter la viande fumée et la coriandre au mélange de base. Étaler sur une tranche de pain; garnir de lamelles de cornichon et de feuilles de laitue. Couvrir de la seconde tranche de pain. Bien envelopper dans une pellicule plastique.

À L'AVOCAT

Base

Voir la recette «Sandwich à l'œuf pilé»

Garniture

½ avocat pelé et finement haché
5 ml de jus de citron
45 ml d'olives grecques, dénoyautées et grossièrement
    hachées
15 ml de fromage feta en petits morceaux
2 feuilles de laitue

Préparation

Peler, hacher et arroser immédiatement l'avocat pour l'empêcher de noircir. Ajouter les olives et le feta. Ajouter au mélange de base. Poser une feuille de laitue sur une tranche de pain, étaler la garniture, recouvrir de la seconde feuille de laitue et couvrir de la seconde tranche de pain. Bien envelopper dans une pellicule plastique.

À LA SARDINE ET AUX BAIES ROSES

Base

Voir la recette «Sandwich à l'œuf pilé»

Garniture

1 sardine
5 ml de baies roses marinées

5 ml de moutarde de Dijon
2 feuilles de laitue Boston

Préparation

Retirer les arêtes de la sardine; la hacher grossièrement. Incorporer au mélange de base avec les baies roses et la moutarde. Étaler sur une tranche de pain recouverte d'une feuille de laitue, disposer la deuxième feuille de laitue, puis couvrir de la seconde tranche de pain. Bien envelopper dans une pellicule plastique.

AU FROMAGE CRÉMEUX

Base

Voir la recette «Sandwich à l'œuf pilé»

Garniture

45 ml de fromage de type Boursin
45 ml de thon (dans l'huile) égoutté et émietté
5 ml de persil haché frais
½ gousse d'ail finement hachée
2 feuilles de laitue

Préparation

Ramollir le fromage à la crème; incorporer le thon, le persil et l'ail. Ajouter au mélange de base. Poser une feuille de laitue sur une tranche de pain, étaler la garniture; recouvrir de la seconde feuille de laitue et couvrir de la seconde tranche de pain. Bien envelopper dans une pellicule plastique.

AUX HUÎTRES FUMÉES

Base

Voir la recette «Sandwich à l'œuf pilé»

Garniture

45 ml d'huîtres fumées, coupées en morceaux
15 ml de fromage à la crème
5 ml de jus de citron
4 fines tranches de tomate
5 ml de grains de poivre concassés
1 feuille de laitue romaine

Préparation

Dans un bol, mélanger le fromage à la crème et le jus de citron. Ajouter les huîtres en morceaux. Bien mêler. Ajouter au mélange de base. Étaler sur une tranche de pain, disposer les tranches de tomate, saupoudrer des grains de poivre et terminer par la laitue. Couvrir de la seconde tranche de pain. Bien envelopper dans une pellicule plastique.

AU JAMBON DE PARME

Base

Voir la recette «Sandwich à l'œuf pilé»

Garniture

1 tranche de jambon de Parme émincée
2 fines tranches de fromage cheddar
5 ml de poivre concassé
2 feuilles de laitue

Préparation

Ajouter le jambon au mélange de base. Poser une feuille de laitue sur une tranche de pain, étaler la garniture. Saupoudrer de poivre. Disposer le fromage et recouvrir de la seconde feuille de laitue. Couvrir de la seconde tranche de pain. Bien envelopper dans une pellicule plastique.

AU POULET ET AU ROQUEFORT

Base

Voir la recette «Sandwich à l'œuf pilé»

Garniture

60 ml de poulet haché (viande blanche, sans peau)
60 ml de roquefort émietté
une pincée de thym et de girofle
1 feuille de laitue romaine

Préparation

Mêler le poulet, le fromage, le thym et le girofle. Incorporer au mélange de base. Étaler sur une tranche de pain, recouvrir de la feuille de laitue romaine et couvrir de la seconde tranche de pain. Bien envelopper dans une pellicule plastique.

AU RICOTTA ET AUX ARACHIDES

Base

Voir la recette «Sandwich à l'œuf pilé»

Garniture

45 ml de ricotta
15 ml d'arachides non salées et pilées
½ gousse d'ail finement hachée
30 ml de cerfeuil frais haché
une pincée de muscade
60 ml de laitue iceberg en julienne

Préparation

Mêler le ricotta, les arachides, l'ail, le cerfeuil et la muscade. Ajouter au mélange de base. Étaler la garniture sur une tranche de pain, recouvrir de laitue et couvrir de la seconde tranche de pain. Bien envelopper dans une pellicule plastique.

AU SAUMON FUMÉ

Base

Voir la recette «Sandwich à l'œuf pilé»

Ingrédients

4 fines tranches de saumon fumé, ciselé
15 ml de câpres hachées
¼ de citron vert, en suprêmes hachés
2,5 ml de poivre concassé
1 tranche d'oignon rouge
2 feuilles de laitue Boston

Préparation

Mêler le saumon, les câpres, les suprêmes de citron hachés et le poivre concassé. Ajouter au mélange de base. Poser une feuille de laitue sur une tranche de pain, étaler la garniture; défaire la tranche d'oignon en rondelles, parsemer ces rondelles, recouvrir de la seconde feuille de laitue et couvrir de la seconde tranche de pain. Bien envelopper dans une pellicule plastique.

AUX MOULES FUMÉES

Base

Voir la recette «Sandwich à l'œuf pilé»

Ingrédients

45 ml de moules fumées en conserve
5 ml de jus de citron vert
1 gousse d'ail finement hachée
10 ml de parmesan râpé
15 ml de coriandre fraîche hachée
45 ml de luzerne

Préparation

Couper les moules, les arroser de jus de citron. Ajouter l'ail et le parmesan. Ajouter le tout au mélange de base. Étaler sur une tranche de pain, saupoudrer de coriandre, disposer la luzerne et couvrir de la seconde tranche de pain. Bien envelopper dans une pellicule plastique.

SANDWICH AU BIFTECK ET AU FROMAGE

Portions: 4

Ingrédients

45 ml de beurre
30 ml de farine
185 ml de lait
250 ml de fromage cheddar râpé
1 gros oignon tranché finement
1 gros poivron vert tranché finement
500 g d'entrecôte minute, coupée en fines lanières
sel et poivre au goût
4 petits pains ronds

Préparation

Dans une casserole de taille moyenne, faire fondre 30 ml de beurre. Ajouter la farine; bien mélanger. Incorporer graduellement le lait. Faire cuire à feu moyen, en remuant sans cesse, jusqu'à ce que le mélange bouille et épaississe. Retirer du feu; ajouter le fromage et remuer jusqu'à ce qu'il soit fondu. Couvrir et garder au chaud. Dans une grande poêle, faire chauffer le reste du beurre. Y faire sauter l'oignon et le poivron vert, jusqu'à ce qu'ils soient tendres; les retirer avec une écumoire et les garder au chaud. Ajouter du beurre dans la poêle, au besoin. Y faire sauter la viande jusqu'au degré de cuisson désiré. Incorporer les légumes réservés et faire réchauffer. Saler et poivrer au goût. Couper les petits pains en deux. Avec une cuillère, répartir la préparation à la viande et aux légumes sur la moitié inférieure des petits pains. Garnir chaque portion d'environ 60 ml de sauce au fromage. Couvrir de l'autre moitié du petit pain. Bien envelopper dans une pellicule plastique. Peut être réchauffé quelques minutes si désiré.

SANDWICH AU CHEDDAR ET AUX POMMES

Ingrédients

60 ml de yogourt
10 ml de miel
8 tranches de pain aux raisins ou
    4 bagels aux raisins, coupés en deux
laitue en feuilles
250 g de cheddar tranché mince
1 grosse pomme épépinée, tranchée mince

Préparation

Mélanger ensemble le yogourt et le miel. Tartiner la préparation de yogourt sur un côté de chaque tranche de pain. Alterner laitue, fromage cheddar et pommes sur la moitié des tranches de pain. Terminer les sandwichs en déposant le reste des tranches de pain sur la garniture et tailler les sandwichs en deux. Bien envelopper dans une pellicule plastique.

SANDWICH AU JAMBON, AU FROMAGE ET AUX POIRES

Portions: 4

Ingrédients

8 tranches de pain de style italien
moutarde au miel ou de Dijon, au goût
4 tranches de fromage cheddar
2 grosses poires fermes, coupées en 8 tranches
200 g de jambon Forêt Noire tranché mince
250 g d'épinards frais, lavés et séchés

Préparation

Retirer la nervure au centre des épinards et réserver. Faire légèrement griller les tranches de pain. Étendre la moutarde en mince couche sur les 8 tranches de pain grillées. Déposer une tranche de fromage sur 4 des 8 tranches de pain. Placer sous le gril jusqu'à ce que le fromage soit fondu. Diviser les morceaux de poires, le jambon et les feuilles d'épinard en quatre portions. Placer les tranches de poires sur le fromage fondu, suivies du jambon et des feuilles d'épinard. Recouvrir des quatre autres tranches de pain. Bien envelopper dans une pellicule plastique.

SANDWICH AU POISSON

Portion: 1

Ingrédients

1 tranche de pain blanc, tartinée de beurre
1 tranche de pain de blé entier, tartinée de beurre
80 ml de thon émietté, égoutté
45 ml d'olives vertes farcies, hachées
22 ml de mayonnaise
2 tranches minces de fromage gouda
2 feuilles de laitue

Préparation

Mélanger le thon, les olives et la mayonnaise. Sur une tranche de pain, mettre une tranche de fromage gouda, une feuille de laitue, le mélange de thon, la seconde tranche de fromage et la seconde feuille de laitue, puis l'autre tranche de pain. Presser légèrement. Bien envelopper dans une pellicule plastique.

SANDWICH AU POULET DIJONNAIS

1 poitrine de poulet désossée et sans peau
30 ml d'huile d'olive
une pincée d'origan et de basilic
45 ml de mayonnaise
15 ml de moutarde de Dijon
15 ml de miel liquide
4 petits pains italiens ou équivalents, tranchés en deux
    sur la longueur
1 poivron rouge en lamelles, grillées
fromage suisse
feuilles de chicorée frisée

Préparation

Dans une poêle, faire griller la poitrine de poulet dans l'huile pendant 10 à 12 minutes. Assaisonner d'origan et de basilic, au goût. Retirer de la poêle, trancher en portions et réserver. Dans un petit bol, bien mélanger la mayonnaise, la moutarde et le miel. Tartiner généreusement chaque pain de ce mélange et y déposer les tranches de poulet grillé. Garnir de lamelles de poivron rouge grillées, de fromage suisse et de quelques feuilles de chicorée. Bien envelopper dans une pellicule plastique.

SANDWICH AU POULET ET AUX AMANDES

Portions: 2

Ingrédients

150 g de poitrine de poulet, désossée, cuite et coupée
   en dés
60 g de céleri haché
60 ml d'amandes effilées, légèrement grillées
60 ml de graines de tournesol
15 ml de mayonnaise
5 ml de jus de citron
5 ml de persil frais haché
sel et poivre au goût
4 tranches de pain sandwich

Préparation

Dans un bol, mélanger les dés de poulet, le céleri, les amandes, les graines de tournesol, la mayonnaise, le jus de citron et le persil; assaisonner. Garnir une tranche de pain du mélange au poulet; recouvrir d'une autre tranche de pain. Bien envelopper les sandwichs dans une pellicule plastique.

SANDWICH AU POULET ET À L'AVOCAT

Ingrédients

30 ml de mayonnaise
5 ml de jus de citron
1 avocat dénoyauté, coupé en dés
200 g de poulet cuit, coupé en dés
1 tomate épépinée, coupée en dés
60 ml de céleri haché
1 oignon vert émincé
15 ml de persil frais haché
sel et poivre au goût
4 tranches de pain

Préparation

Mélanger la mayonnaise, le jus de citron, les dés d'avocat, de poulet et de tomate, le céleri, l'oignon vert et le persil; assaisonner. Garnir 2 tranches de pain avec le mélange au poulet, recouvrir d'une autre tranche de pain. Bien envelopper dans une pellicule plastique.

SANDWICH AU THON ET AUX ÉPINARDS

Portions: 2

Ingrédients

1 boîte (184 g) de thon blanc égoutté et émietté
½ tomate épépinée, coupée en dés
60 ml de céleri haché
60 ml de poivron vert haché
15 ml de mayonnaise
5 ml d'huile
5 ml de jus de citron
5 ml de persil frais haché
sel et poivre au goût
4 tranches de pain
4 feuilles d'épinard ou de laitue, au choix

Préparation

Dans un bol, mélanger le thon, les dés de tomate, le céleri, le poivron, la mayonnaise, l'huile, le jus de citron et le persil; assaisonner. Garnir 2 tranches de pain du mélange au thon et de feuilles d'épinard; recouvrir d'une autre tranche de pain. Bien envelopper les sandwichs dans une pellicule plastique.

SANDWICH AUX CHAMPIGNONS CRUS

Portion: 1

Ingrédients

1 petit pain
2 ou 3 champignons de Paris
60 ml de mayonnaise épaisse
sel et poivre au goût

Préparation

Nettoyer les champignons. Les laver dans une eau citronnée pour qu'ils restent blancs. Les couper en lamelles très fines. Assaisonner avec la mayonnaise. Saler et poivrer au goût. Préparer le sandwich avec ce mélange. Bien envelopper dans une pellicule plastique.

SANDWICH AUX POMMES DE TERRE ET AU FROMAGE

Portion: 1

Ingrédients

1 petite pomme de terre
2 tranches de pain de ménage
10 ml de pesto (au basilic)
60 ml de fromage Philadelphia
poivre concassé au goût

Préparation

Faire cuire la pomme de terre dans de l'eau salée. Égoutter, laisser refroidir et trancher. Faire griller les deux tranches de pain de ménage. Sur une des deux, étendre d'abord la moitié du pesto, puis recouvrir de la moitié du Philadelphia chacune des deux tranches. Déposer les tranches de pommes de terre sur une tranche de pain, badigeonner du reste du pesto. Poivrer au goût. Recouvrir de l'autre tranche de pain. Bien envelopper dans une pellicule plastique.

SANDWICH BLT

Ingrédients

4 tranches de pain de campagne épaisses
16 tranches de bacon + 6 pour le bacon émietté
8 tranches de lard cuit paysan
4 cœurs de laitue
60 ml de tapenade
60 ml de pistou
30 ml de concassée de tomates
30 ml d'huile d'olive
2 gousses d'ail

Tomates confites

8 tomates en grappe
4 gousses d'ail en chemise
2 brins de thym
60 ml d'huile d'olive
sel et poivre au goût
une pincée de sucre

Vinaigrette

15 ml de vinaigre de xérès
45 ml d'huile d'olive
sel et poivre au goût

Préparation

Plonger les tomates 20 secondes dans l'eau bouillante, puis dans l'eau froide. Les peler et les couper en quartiers (ôter les pépins). Préchauffer le four à 90 °C. Poser les tomates sur une plaque recouverte de papier aluminium huilé. Ajouter l'ail, le thym et l'huile d'olive; saler, poivrer, sucrer et enfourner. Laisser confire 3 heures en retournant à mi-cuisson. Huiler légèrement une face de chaque tranche de pain, griller (face huilée uniquement); frotter avec de l'ail. Dessiner trois traits sur la longueur de la tartine en appliquant généreusement de la tapenade, du pistou et de la concassée de tomates. Disposer successivement la laitue, le bacon, les tomates confites et le lard en les faisant tenir debout; recommencer jusqu'à ce que le pain soit entièrement recouvert. Saupoudrer de bacon émietté. Bien envelopper dans une pellicule plastique. Peut être mangé tel quel ou après avoir été réchauffé quelques minutes.

SANDWICH CROSTINI AUX OLIVES ET AUX CHAMPIGNONS

Ingrédients

4 tranches de pain de campagne
250 ml de champignons frais
60 ml d'olives noires dénoyautées
1 gousse d'ail hachée
30 ml de jus de citron
90 ml d'huile d'olive extra-vierge
sel et poivre au goût

Préparation

Nettoyer les champignons, les hacher finement et les arroser de jus de citron. Chauffer 60 ml d'huile dans une poêle et faire revenir les champignons à feu vif avec l'ail haché. Dorer les tranches de pain dans le four, à 180 °C. Mêler les olives avec le reste d'huile jusqu'à obtenir une crème onctueuse. Étendre celle-ci sur les tranches de pain, garnir de champignons. Bien envelopper dans une pellicule plastique.

SANDWICH DE COURGETTES AU YOGOURT

Portions : 4

Ingrédients

5 ml de moutarde de Dijon
60 ml d'huile d'olive
15 ml de vinaigre de vin rouge ou blanc
15 ml de jus de citron
125 ml de yogourt nature
sel et poivre au goût
1 concombre anglais pelé, épépiné et émincé finement
1 courgette coupée en deux horizontalement et émincée finement
1 pomme pelée, épépinée et coupée en dés
persil frais

Décoration

4 feuilles de laitue
4 tomates cerises
8 brindilles de ciboulette

Préparation

Dans un bol, mélanger la moutarde de Dijon, l'huile d'olive, le vinaigre, le jus de citron et le yogourt; assaisonner. Incorporer le concombre, la courgette, les dés de pomme et le persil; bien mélanger. Répartir le mélange dans 4 contenants de boîte à lunch, garnis de feuilles de laitue. Décorer de tomates cerises et de brindilles de ciboulette.

SANDWICH EXPRESS

Portions: 3

Ingrédients

1 baguette de pain
6 feuilles de laitue
150 g de blancs de poulet cuit, coupés en tranches ou
    3 grandes tranches de jambon (dans ce cas, placer
    les tranches entières)
30 ml de mayonnaise
tranches de cornichon

Préparation

Ouvrir le pain et le tartiner avec la mayonnaise. Déposer 3 feuilles de laitue et les tranches de cornichon; répartir les blancs de poulet (ou le jambon) et recouvrir avec les feuilles de laitue restantes. Bien envelopper dans une pellicule plastique.

SANDWICH FROID « EN CAS »

Portions: 2

Ingrédients

2 pains kaiser
30 ml de mayonnaise
15 ml de cornichon haché
15 ml de moutarde forte
2 feuilles de laitue
2 tranches de fromage gruyère
4 tranches de rôti de porc cuit
1 tomate en tranches fines
tranches de courgette grillées (facultatives)
sel et poivre au goût

Préparation

Ouvrir le pain en deux. Mélanger la mayonnaise avec le cornichon haché et la moutarde. Tartiner copieusement la surface du pain de ce mélange; ajouter la laitue, le gruyère, le porc et la tomate. Ajouter les tranches de courgette, si désiré. Saler et poivrer au goût. Bien envelopper dans une pellicule plastique.

SANDWICH HIVERNAL

Portion: 1

Ingrédients

1 baguette
250 g de rôti de porc froid
1 tomate
10 cornichons
3 feuilles de laitue
50 g de beurre salé
moutarde de Dijon au goût

Préparation

Fendre la baguette en deux. Sur la partie inférieure, tartiner le beurre salé; sur la partie supérieure, répartir la moutarde. Poser la salade sur le beurre salé (important: la salade doit toujours reposer sur le beurre); couper la tomate en tranches, et déposer délicatement ces dernières sur la salade. Couper le rôti en fines tranches, mettre celles-ci sur les tomates; couper les cornichons dans le sens de la longueur en fines lamelles et les répartir sur le rôti. Poser la partie supérieure de la baguette sur le tout (important: la moutarde doit toujours se trouver sur les cornichons).

SANDWICH MEXICAIN
AU POULET

Ingrédients

4 saucisses de poulet, cuites à l'eau bouillante et
    émincées
80 ml de maïs en grains
125 ml de laitue émincée
60 ml de fromage cheddar ou mozzarella, râpé
30 ml de sauce salsa mexicaine
15 ml de mayonnaise
5 ml de persil frais haché
sel et poivre au goût
4 tranches de pain

Préparation

Dans un bol, mélanger la saucisse de poulet, le maïs en grains, la laitue, le fromage, la salsa mexicaine, la mayonnaise et le persil; assaisonner. Garnir une tranche de pain du mélange et recouvrir d'une autre tranche de pain. Bien envelopper dans une pellicule plastique.

MINI-SANDWICH SUR FICELLE AU FROMAGE

Portions: 4

Ingrédients

1 ficelle au fromage
30 ml de moutarde
30 ml de crème sure
30 ml de ciboulette hachée
4 tranches de tomate
2 feuilles de laitue ciselées
poivre au goût
4 tranches minces de rôti de porc froid
morceaux de poivron jaune (facultatif)

Préparation

Couper la ficelle en huit tronçons, puis ouvrir chaque tronçon en deux pour le tartiner. Mélanger la moutarde, la crème sure et la ciboulette. Tartiner de ce mélange les deux faces internes de la ficelle. Ajouter une tranche de tomate, puis la laitue ciselée en chiffonnade. Ajouter un peu de poivre. Découper les tranches de rôti en deux. Insérer les tranches dans la ficelle, ajouter des morceaux de poivron jaune si désiré, puis refermer.

SANDWICH PAN BAGNAT

Ingrédients

1 petit pain rond
45 ml d'huile d'olive
1 tranche d'anchois dessalée
½ tomate tranchée finement
3 fines tranches d'oignon défaites en rondelles
5 lanières de poivron vert
5 petites olives noires, dénoyautées

Préparation

Couper un pain rond en deux dans le sens horizontal et imbiber ses faces internes d'huile d'olive. Déposer sur la partie inférieure une tranche d'anchois dessalée, les tranches de tomate, les rondelles d'oignon, les fines lanières de poivron vert. Garnir de petites olives noires dénoyautées. Arroser d'un filet d'huile d'olive. Recouvrir avec l'autre partie du pain. Bien envelopper dans une pellicule plastique.

SANDWICH ROULÉ DE PORC À LA RÉMOULADE

Portions: 4

Ingrédients

125 ml de mayonnaise dijonnaise
15 ml de vinaigre de vin blanc
1 échalote sèche hachée finement
sel et poivre au goût
4 côtelettes de porc désossées, de 2 cm d'épaisseur
185 ml de radis en fines rondelles
185 ml de courgette râpée
60 ml de persil frais haché
4 grandes tortillas de blé (minces et souples)
4 grandes feuilles de laitue frisée

Préparation

Mélanger la mayonnaise dijonnaise, le vinaigre et l'échalote. Poivrer au goût. Réserver la moitié au froid et enrober les côtelettes avec le reste. Couvrir et laisser mariner, si désiré, au froid pendant 2 heures. Griller à la chaleur moyenne sur le barbecue, sous le gril du four pendant 6 à 12 minutes. À mi-cuisson, retourner à l'aide de pinces. Saler après cuisson seulement. Mélanger les radis, la courgette, le persil et la sauce réservée. Tailler les côtelettes en lanières. Rouler le tout dans des tortillas tapissées de feuilles de laitue. Bien envelopper dans une pellicule plastique.

SANDWICH-TOAST WILHELMINE

Portions : 4

Ingrédients

1 œuf
250 ml d'huile
jus d'un citron
sel et poivre au goût
185 ml de fromage gouda
120 g d'amandes
4 tranches d'ananas coupées en lamelles
8 tranches de pain

Préparation

Monter une mayonnaise en fouettant d'abord l'œuf et en versant graduellement l'huile. Blanchir en versant le jus de citron. Saler et poivrer. Incorporer le gouda coupé en dés, les amandes et les tranches d'ananas coupées en lamelles. Faire griller le pain et étendre le mélange sur les toasts. Bien envelopper dans une pellicule plastique.

SOUS-MARIN À L'ŒUF DUR

Portion: 1

Ingrédients

1 œuf dur
1 champignon moyen tranché
15 ml d'oignon grossièrement haché
1 radis en fines tranches
22 ml de mayonnaise
1 pain à sous-marin, moyen
125 ml de laitue romaine ciselée
3 tranches de tomate
5 ml d'huile
1 ml d'origan
sel et poivre au goût

Préparation

Écaler l'œuf dur et le hacher grossièrement. Ajouter le champignon, l'oignon et le radis. Saler et poivrer au goût. Lier délicatement avec la mayonnaise. Garnir le pain à sous-marin de ce mélange. Y disposer la laitue ciselée et les tranches de tomate. Arroser avec l'huile; saupoudrer d'origan, de sel et de poivre. Bien envelopper dans une pellicule plastique.

LES REPAS EXPRESS

AILES DE POULET
À LA MEXICAINE

Donne 8 morceaux

Ingrédients

    8 ailes de poulet
    185 ml de sauce salsa mexicaine forte ou mi-forte
    75 ml de sauce barbecue
    1 gousse d'ail finement hachée
    60 ml de babeurre

Préparation

Rincer les ailes et les éponger soigneusement. Faire brunir les ailes au four durant 3 ou 4 minutes. Réserver. À l'aide d'un mortier ou au mélangeur, mélanger la sauce salsa et la sauce barbecue jusqu'à ce que la préparation soit bien lisse. Ajouter l'ail. Dans un bol, mélanger la préparation de sauce avec le babeurre. Y disposer les ailes et laisser mariner 2 heures au réfrigérateur (ou davantage pour encore plus de piquant). Faire cuire au four, à 205 °C, jusqu'à ce que les ailes soient bien dorées.

ASPERGES EN CACHETTE

Portions: 2

Ingrédients

6 tranches de pain
375 ml de fromage ricotta
6 tranches (200 g) de jambon cuit
6 asperges en conserve, ou fraîches, blanchies

Préparation

Préchauffer le four à 175 °C. Tartiner les tranches de pain de fromage ricotta; garnir chacune d'elles d'une tranche de jambon et d'une asperge. Refermer en roulant les tranches de pain de façon à former des rouleaux. Déposer les rouleaux sur une plaque à biscuits et cuire au four de 10 à 12 minutes. Laisser refroidir et envelopper dans une pellicule plastique.

BOUCHÉES DE TOFU
AUX RAISINS SECS

Portions: 2

Ingrédients

250 ml de tofu frais, coupé en cubes
375 ml de vin rouge fruité
60 ml de raisins secs
1 grain d'anis étoilé
sel au goût
4 grains de poivre
2 feuilles de radicchio
4 feuilles d'épinard frais

Préparation

Dans un grand bol, mélanger le vin rouge, les raisins secs, l'anis étoilé, le sel et le poivre. Ajouter le tofu, bien mêler et faire mariner pendant 24 heures au réfrigérateur. Disposer une feuille de radicchio et deux feuilles d'épinard grossièrement déchiquetées dans chacun des contenant de boîte à lunch, déposer les cubes de tofu, arroser de marinade.

BURRITOS AU BŒUF

Ingrédients

2 tortillas
15 ml de beurre
110 g de bœuf haché
15 ml d'assaisonnement à tacos
30 ml d'eau
sel et poivre au goût
60 ml de fromage à tartiner mexicain
60 ml de sauce salsa douce ou moyenne

Préparation

Dans une poêle, faire fondre le beurre et y faire brunir le bœuf haché. Jeter l'excédent de gras. Ajouter l'assaisonnement à tacos préalablement dissous dans l'eau. Bien mélanger et laisser mijoter une trentaine de minutes à feu doux, en remuant de temps en temps. Saler et poivrer au goût. Farcir chaque tortilla de la moitié du bœuf assaisonné, de 30 ml de fromage et de 30 ml de sauce salsa. Rouler et bien envelopper dans une pellicule plastique. Peut se manger tel quel après avoir été réchauffé pendant quelques minutes.

BURRITOS AU POULET

Donne 2 burritos

Ingrédients

2 tortillas chaudes
15 ml de beurre
110 g de poulet cuit, coupé en cubes
15 ml d'assaisonnement à tacos
30 ml d'eau
sel et poivre au goût
30 ml de sauce salsa forte
60 ml de fromage Monterey Jack, râpé

Préparation

Dans une poêle, faire fondre le beurre et y faire brunir les cubes de poulet. Ajouter l'assaisonnement à tacos préalablement dissous dans l'eau. Mélanger bien et laisser mijoter jusqu'à ce que le poulet soit tendre et qu'il ne reste plus de liquide. Saler et poivrer au goût. Ajouter ensuite la sauce salsa et faire mijoter une quinzaine de minutes de plus. Farcir chaque tortilla de la moitié du poulet assaisonné et de 30 ml de fromage. Rouler et bien envelopper dans une pellicule plastique. Peut se manger tel quel ou après avoir été réchauffé pendant quelques minutes.

BURRITOS AUX ŒUFS ET À LA SALSA

Donne 2 burritos

Ingrédients

2 œufs
15 ml de lait
1 oignon vert haché
sel et poivre au goût
quelques gouttes de tabasco (facultatif)
15 ml de beurre
2 tortillas
60 ml de cheddar râpé
2 feuilles de laitue déchiquetées
30 ml de sauce salsa avec gros morceaux
15 ml de crème sure

Préparation

Battre les œufs avec le lait et l'oignon vert. Saler et poivrer au goût. Ajouter quelques gouttes de tabasco, si désiré. Dans une poêle, faire fondre le beurre et y verser le mélange d'œufs en brouillant un peu le tout avec une cuillère en bois. Cuire jusqu'à ce que les œufs épaississent, mais qu'ils soient encore un peu humides. Répartir la préparation sur les tortillas, puis le fromage râpé, la laitue, la sauce salsa et la crème sure. Rouler et bien envelopper dans une pellicule plastique. Peut se manger tel quel ou après avoir été réchauffé pendant quelques minutes.

CANNELLONIS FARCIS AU BŒUF ET AU FROMAGE

Ingrédients

3 cannellonis
15 ml d'huile
15 ml d'oignon haché
45 g de bœuf haché
1 ml d'ail finement haché
15 ml de carotte en petits dés
15 ml de céleri haché
sel et poivre au goût
5 ml de pâte de tomate
15 ml de vin rouge sec
15 ml de cheddar fort
10 ml de ricotta
2,5 ml de parmesan râpé
1 œuf
125 ml de sauce tomate
15 ml de parmesan râpé
5 ml de persil frais haché

Préparation

Faire cuire les pâtes tel qu'il est indiqué sur l'emballage. Égoutter et laisser refroidir.

Dans une poêle, faire chauffer l'huile et faire revenir l'oignon jusqu'à ce qu'il soit transparent. Ajouter et faire revenir le bœuf en le défaisant à la fourchette. Ajouter ensuite l'ail, les dés de carotte et le céleri et faire cuire jusqu'à ce que les légumes soient tendres. Saler et poivrer au goût. Ajouter la pâte de tomate et le vin, puis remuer pour bien mélanger. Retirer du feu, ajouter les trois fromages et l'œuf. Amalgamer bien le tout. Farcir les cannellonis de ce mélange. Verser un peu de sauce tomate dans un plat allant au four, y mettre les pâtes farcies; recouvrir du reste de la sauce, couvrir d'un papier d'aluminium et passer au four à 190 °C une vingtaine de minutes. Saupoudrer de parmesan et de persil haché. Placer dans un contenant de boîte à lunch.

CANNELLONIS FARCIS AU PORC ET AU VEAU

Ingrédients

3 cannellonis
10 ml de beurre
30 ml d'oignon haché
60 ml de veau haché
60 ml de porc haché
1 ml d'ail finement haché
1 ml d'origan
1 ml de basilic
60 ml d'épinards cuits, égouttés et hachés
1 blanc d'œuf
10 ml de chapelure
30 ml de petits morceaux de cheddar fort
2,5 ml de ciboulette fraîche hachée
sel et poivre au goût
250 ml de sauce tomate
30 ml de mozzarella

Préparation

Faire cuire les pâtes tel qu'il est indiqué sur l'emballage. Égoutter et laisser refroidir.

Dans un chaudron, faire fondre le beurre et faire revenir légèrement l'oignon. Ajouter le veau, le porc, l'ail, l'origan et le basilic et cuire jusqu'à ce que les viandes soient bien cuites. Égoutter pour enlever le surplus de gras. Ajouter les épinards; cuire 2 minutes en remuant. Retirer du feu et laisser refroidir avant d'ajouter le blanc d'œuf, la chapelure, le cheddar et la ciboulette. Saler et poivrer au goût. Verser un peu de sauce tomate dans un plat allant au four, disposer les cannellonis et recouvrir du reste de la sauce. Saupoudrer de mozzarella, couvrir et passer au four à 190 °C une vingtaine de minutes. Découvrir et cuire quelques minutes de plus pour faire dorer le fromage. Placer dans un contenant de boîte à lunch.

CHILI DE TOFU SUR PAIN PITA

Portions: 2

Ingrédients

5 ml de beurre
30 ml d'oignon émincé
une pincée de piment de la Jamaïque moulu
5 ml de gingembre moulu
2,5 ml de paprika
1 gousse d'ail hachée
250 ml de tofu ferme, coupé en fines lanières
60 ml de sauce chili
5 ml de sucre
2 pains pitas
2 bouquets de persil frais
1 poivron rouge en lanières

Préparation

Faire fondre le beurre dans une poêle et faire revenir l'oignon, les épices et l'ail. Incorporer le tofu et faire sauter légèrement. Ajouter la sauce chili et le sucre; mêler bien. Réserver au chaud. Couper le poivron rouge en lanières et faire griller légèrement. Faire ensuite griller les pains pitas. Farcir les pains pitas du mélange au tofu et servir avec des lanières de poivron rouge grillées décorées d'un bouquet de persil. Rouler et bien envelopper dans une pellicule plastique.

CROQUETTE DE POMMES DE TERRE AU THON

Portion: 1

Ingrédients

250 ml de purée (ferme) de pommes de terre
1 œuf
45 ml d'oignon haché
60 ml de thon émietté
15 ml de persil frais haché
sel et poivre au goût
10 ml de base de poisson
15 ml d'estragon frais haché
250 ml de farine
2 œufs battus
250 ml de chapelure
1 litre d'huile

Préparation

Dans un bol, bien mélanger la purée de pommes de terre, l'œuf, l'oignon, le thon, le persil, le sel, le poivre, la base de poisson et l'estragon. Façonner en petites croquettes; passer d'abord dans la farine, puis dans les œufs et, enfin, dans la chapelure. Faire chauffer l'huile dans un chaudron. Une fois qu'elle est bien chaude, y faire frire les croquettes. Placer dans un contenant de boîte à lunch.

FAJITAS

Ingrédients

2 tortillas
60 ml d'huile
200 g de lanières de poulet cru
60 ml d'oignon grossièrement haché
60 ml de poivron grossièrement haché
5 ml de sauce soya
3 gouttes de sauce Worcestershire
3 gouttes de tabasco
80 ml de riz blanc, cuit
sel et poivre au goût
45 ml de petits dés de mozzarella
125 ml de laitue hachée

Préparation

Dans une poêle, faire chauffer l'huile et y faire revenir le poulet, le poivron et l'oignon. Faire cuire 3 ou 4 minutes à feu moyen. Ajouter ensuite la sauce soya, la sauce Worcestershire, le tabasco et le riz cuit. Saler et poivrer au goût. Cuire jusqu'à tendreté des aliments. Répartir le contenu de la poêle sur 2 tortillas, garnir de mozzarella et de laitue hachée. Rouler et bien envelopper dans une pellicule plastique. Peut se manger tel quel ou après avoir été réchauffé pendant quelques minutes.

FEUILLES DE CHOU FARCIES, SAUCE NAPOLITAINE

Portions : 2

Ingrédients

60 ml d'huile d'olive verte
30 ml de beurre fondu
60 ml d'oignon haché
60 ml de poivron rouge
60 ml de poivron vert
60 ml de tomate fraîche en dés
60 ml d'ail haché
1 ml de safran, en pistils
250 ml de riz basmati
500 ml de bouillon de poulet
sel et poivre au goût
4 belles et grandes feuilles de chou
500 ml d'eau bouillante
30 ml de beurre
125 ml de bœuf haché maigre
sel et poivre au goût
125 ml de vin blanc
2,5 ml de paprika

Sauce napolitaine

60 ml d'huile d'olive
60 ml d'oignon haché
1 gousse d'ail hachée
5 ml de basilic
250 ml de tomate fraîche, coupée en dés
60 ml de jus V8
sel et poivre au goût
5 ml de persil frais haché

Préparation

Dans un chaudron, faire chauffer l'huile et fondre le beurre; faire revenir l'oignon, les poivrons, les cubes de tomate, l'ail et le safran. Ajouter le riz et remuer. Incorporer le bouillon de poulet, saler et poivrer au goût. Couvrir et laisser mijoter de 20 à 25 minutes. Retirer du feu et laisser reposer de 10 minutes sans retirer le couvercle du chaudron. Garder au chaud. Dans 500 ml d'eau bouillante, faire pocher les feuilles de chou afin de les ramollir. Dans un autre chaudron, faire fondre 15 ml de beurre et faire revenir le bœuf haché jusqu'à ce qu'il soit parfaitement cuit. Saler et poivrer au goût. Incorporer le riz. Bien mélanger. Farcir les feuilles en répartissant également le mélange. Rouler et faire tenir les rouleaux avec des cure-dents. Dans un plat allant au four, verser le vin blanc et 15 ml de beurre; déposer les rouleaux et cuire au four à 205 °C de 15 à 20 minutes. Saupoudrer de paprika et servir tel quel ou encore napper de sauce napolitaine

Sauce napolitaine

Dans un chaudron, faire chauffer l'huile d'olive et faire revenir l'oignon, l'ail et le basilic. Ajouter les dés de tomate et faire mijoter jusqu'à réduire d'un quart. Ajouter le jus V8 et laisser de nouveau réduire de moitié. Saler et poivrer, verser sur les rouleaux farcis, saupoudrer de persil haché et placer dans un contenant de boîte à lunch.

GALETTE DE POMME DE TERRE À LA CRÈME ET AUX CÂPRES

Portions: 2

Ingrédients

3 pommes de terre moyennes
15 ml de beurre
15 ml d'huile
sel et poivre au goût
60 ml de crème 35 %
1 œuf
5 ml de câpres
30 ml de persil frais haché

Préparation

À l'eau salée, faire cuire les pommes de terre *al dente*. Égoutter, laisser légèrement refroidir. Couper en tranches fines. Dans une poêle, faire fondre le beurre, ajouter l'huile et faire revenir les tranches de pommes de terre (une petite quantité à la fois) jusqu'à ce qu'elles soient bien dorées des deux côtés. Saler et poivrer au goût. Dans un plat rond, légèrement graissé, allant au four, disposer les tranches de pommes de terre en couronne en les faisant se superposer comme en éventail. Dans un bol, mélanger bien la crème, l'œuf, les câpres et le persil; verser ce mélange sur les pommes de terre. Mettre au four à 175 °C de 20 à 25 minutes. Placer dans un contenant de boîte à lunch et réchauffer quelques minutes avant de servir.

GALETTE DE POMME DE TERRE À LA SAUCISSE

Ingrédients

1 pomme de terre moyenne
15 ml de beurre
30 ml d'oignon émincé
1 saucisse allemande
1 œuf battu
15 ml de crème 15 %
une pincée d'origan
sel et poivre au goût

Préparation

Faire cuire la pomme de terre *al dente*, à l'eau salée. Égoutter et laisser refroidir légèrement avant de hacher en julienne. Dans une poêle, faire fondre le beurre et faire revenir l'oignon jusqu'à ce qu'il soit transparent. Ajouter la saucisse découpée en fines rondelles et laisser cuire. Ajouter ensuite la julienne de pommes de terre. Bien répartir le tout dans le fond de la poêle. Presser légèrement. Saler et poivrer. Laisser cuire encore jusqu'à ce que les pommes de terre soient tendres. Dans un bol, fouetter ensemble l'œuf, la crème, l'origan, le sel et le poivre. Verser sur les pommes de terre et continuer la cuisson jusqu'à ce que le mélange d'œuf soit bien cuit. Renverser dans un contenant de boîte à lunch. Réchauffer quelques minutes avant de servir.

GALETTES DE POMMES DE TERRE AU CAMEMBERT

Portion: 1

Ingrédients

250 ml de purée (ferme) de pommes de terre
125 ml de farine de blé noir
125 ml de lait
2 œufs
sel et poivre au goût
45 ml de beurre
125 ml de camembert en fines tranches

Préparation

Dans un bol, fouetter la purée de pommes de terre avec la farine, le lait et les œufs. Saler et poivrer au goût. Former des galettes de ce mélange. Dans une poêle, faire fondre le beurre; faire cuire les galettes jusqu'à ce qu'elles soient bien dorées. Déposer sur une plaque allant au four, recouvrir des tranches de camembert et passer sous le gril pour faire fondre le fromage. Placer dans un contenant de boîte à lunch.

JAMBON FARCI AU RIZ
ET AUX FEUILLES D'ENDIVE

Portions: 2

Ingrédients

125 ml de riz blanc à longs grains
375 ml d'eau salée
60 ml de beurre
125 ml de laitue ciselée
125 ml d'oignon haché
125 ml de petits pois verts, frais
une pincée de thym
une pincée d'ail haché
une pincée de sarriette
sel et poivre au goût
30 ml de consommé de bœuf
2 tranches de jambon cuit
60 ml de mayonnaise
60 ml de cornichons à l'aneth, hachés
30 ml de crème 15 %
une pincée de moutarde forte
4 feuilles d'endive
2 feuilles de menthe fraîche
une pincée de paprika

Préparation

Porter l'eau salée à ébullition, y jeter le riz. Couvrir le chaudron, réduire le feu et laisser mijoter de 15 à 20 minutes. Retirer du feu, égoutter en conservant l'eau de cuisson pour un usage ultérieur. Rincer le riz à l'eau froide, laisser égoutter de nouveau. Réserver. Dans un chaudron, faire fondre le beurre et y faire revenir la laitue, l'oignon et les petits pois.

Ajouter le thym, l'ail et la sarriette. Saler et poivrer au goût. Ajouter le consommé de bœuf et faire cuire 5 minutes. Ajouter le riz cuit et mélanger; laisser refroidir. Répartir ce mélange bœuf-riz sur les tranches de jambon et faire des rouleaux. Couper chaque rouleau en deux. Dans un bol, mélanger la mayonnaise, les cornichons hachés, la crème et la moutarde. Réserver. Disposer chaque rouleau de jambon sur une feuille d'endive. À l'aide d'une poche à pâtisserie, faire une petite rosace, du mélange de mayonnaise, sur chacun des rouleaux. Répartir ce qui reste de ce mélange à côté des rouleaux en une nouvelle rosace. Saupoudrer de paprika, décorer d'une feuille de menthe. Placer dans un contenant de boîte à lunch.

MACARONI AU JAMBON ET AU FROMAGE

Ingrédients

1 préparation (200 g) de macaroni au fromage
    commerciale ou maison
150 g d'oignon haché
250 g de champignons hachés finement
184 g de jambon en cubes
1 grosse tomate, épépinée et hachée
une pincée de basilic
sel et poivre au goût
250 ml de fromage à gratiner

Préparation

Faire cuire la préparation de macaroni au fromage en suivant les indication qui figurent sur la boîte (ou préparer une recette maison). Dans une poêle, cuire les oignons et les champignons jusqu'à ce qu'ils soient dorés. Placer ensuite le macaroni au fromage dans une cocotte, ajouter les légumes et le jambon; ajouter ensuite les morceaux de tomate. Remuer un peu, ajouter le basilic, le sel et le poivre, puis étaler le fromage à gratiner sur le dessus. Cuire au four à 175 °C de 20 a 30 minutes. Retirer du feu, laisser refroidir. Verser la préparation dans un contenant de boîte à lunch. Réchauffer une dizaine de minutes avant de servir.

MÉLI-MÉLO DE HARICOTS, DE POMMES DE TERRE ET DE CONCOMBRE

Portions: 2

Ingrédients

10 ml de moutarde de Dijon
80 ml d'huile d'olive
15 ml de vinaigre
15 ml de jus de citron
sel et poivre au goût
375 ml de haricots verts blanchis
250 ml de cubes de pommes de terre blanchis
250 ml de concombre anglais, épépiné et émincé
1 oignon vert émincé
15 ml de persil frais haché

Préparation

Mélanger la moutarde de Dijon, l'huile d'olive, le vinaigre et le jus de citron; assaisonner. Ajouter les haricots verts, les pommes de terre, le concombre, l'oignon vert et le persil; bien mélanger. Répartir dans des contenants de boîte à lunch.

MOUSSELINE D'AVOCAT
AU TOFU

Portions : 2

Ingrédients

1 avocat
250 ml de tofu frais haché
15 ml de câpres hachées
5 ml de jus de citron
2,5 ml de zeste de citron râpé
sel et poivre au goût
60 ml de crème 35 %
5 ml de persil frais haché
2 pincées de paprika

Préparation

Couper l'avocat en deux, retirer le noyau, puis évider délicatement le fruit pour n'en conserver que l'enveloppe. Réserver. Hacher grossièrement la pulpe de l'avocat; déposer dans un bol, ajouter le tofu haché, les câpres, le jus et le zeste de citron et la crème. Saler et poivrer. Bien remuer. Farcir les enveloppes d'avocat avec le mélange au tofu, saupoudrer de persil et de paprika. Placer dans un contenant de boîte à lunch.

MUFFIN ANGLAIS À L'ŒUF DUR

Ingrédients

1 œuf dur
15 ml d'échalote française
15 ml de poivron vert
15 ml de céleri finement haché
30 ml de bacon en morceaux
30 ml de mozzarella râpé
15 ml de mayonnaise
1 ml de moutarde de Dijon
2,5 ml de jus de citron
5 ml de persil frais haché
sel et poivre au goût

Préparation

Écaler l'œuf et le hacher grossièrement. Ajouter l'échalote, le poivron, le céleri et le bacon. Dans un bol, mêler la mayonnaise, la moutarde, le jus de citron et le persil. Verser dans le mélange d'œuf. Trancher un muffin anglais en deux. Diviser le mélange d'œuf sur les deux moitiés de muffin. Parsemer de fromage et passer au four pour faire fondre le fromage.

ŒUF EN CROÛTE

Ingrédients

1 œuf dur
100 g de chair à saucisses
1 œuf battu
30 ml de chapelure
huile à frire
feuilles de laitue

Préparation

Écaler l'œuf dur. Avec la chair à saucisses, sur une surface enfa-rinée, façonner un rectangle et en entourer l'œuf dur; passer le tout dans l'œuf battu; rouler dans la chapelure et cuire en grande friture de 8 à 10 minutes. Couper en deux, placer sur un nid de laitue et placer dans un contenant de boîte à lunch. Peut se servir chaud ou froid.

ŒUF FARCI
À LA CHAIR DE CRABE

Portion: 1

Ingrédients

1 œuf dur
sel et poivre au goût
22 ml de chair de crabe
quelques gouttes de sauce Worcestershire
5 ml de persil frais haché
une pincée d'origan
une pincée de flocons d'oignon
15 ml de mayonnaise

Préparation

Écaler l'œuf dur et le trancher en deux dans le sens de la longueur. Retirer le jaune alors qu'il est encore tiède et le piler. Saler et poivrer au goût. Ajouter la chair de crabe, la sauce Worcestershire, le persil, l'origan et les flocons d'oignon. Amalgamer soigneusement avec la mayonnaise. Farcir les blancs d'œuf de ce mélange. Placer dans un contenant de boîte à lunch.

ŒUF FARCI À LA TOMATE

Portion: 1

Ingrédients

1 œuf dur
sel et poivre au goût
22 ml de tomate fraîche, coupée en petits dés
5 ml d'échalote française finement hachée
2,5 ml de coriandre
15 ml de mayonnaise
quelques gouttes d'huile d'olive
5 ml de persil frais haché

Préparation

Écaler l'œuf dur et le trancher en deux dans le sens de la longueur. Retirer le jaune alors qu'il est encore tiède et le piler. Saler et poivrer au goût. Ajouter les dés de tomate, l'échalote finement hachée et la coriandre. Amalgamer soigneusement avec la mayonnaise, additionnée de quelques gouttes d'huile d'olive. Rectifier l'assaisonnement au goût. Farcir les blancs d'œuf de ce mélange; saupoudrer de persil haché. Placer dans un contenant de boîte à lunch.

ŒUF FARCI AU JAMBON

Portion: 1

Ingrédients

1 œuf dur
sel et poivre au goût
25 g de jambon haché finement
5 ml de cornichon sucré finement haché
15 ml de mayonnaise
1 cornichon sucré, coupé en deux sur la longueur
quelques brins de persil

Préparation

Écaler l'œuf dur et le trancher en deux dans le sens de la longueur. Retirer le jaune alors qu'il est encore tiède et le piler. Saler et poivrer au goût. Ajouter le jambon haché et le cornichon sucré finement haché. Amalgamer soigneusement avec la mayonnaise. Farcir les blancs d'œuf de ce mélange; décorer d'une demi-tranche de cornichon; saupoudrer de persil. Placer dans un contenant de boîte à lunch.

ŒUF FARCI AU POULET

Portion: 1

Ingrédients

1 œuf dur
sel et poivre au goût
25 g de poulet cuit haché
5 ml de céleri haché
1 olive farcie finement hachée
15 ml de mayonnaise
1 olive farcie coupée en deux

Préparation

Écaler l'œuf dur et le trancher en deux dans le sens de la longueur. Retirer le jaune alors qu'il est encore tiède et le piler. Saler et poivrer au goût. Ajouter le poulet cuit, le céleri et l'olive, finement hachés. Amalgamer soigneusement avec la mayonnaise. Farcir les blancs d'œuf de ce mélange; décorer avec l'olive en demies. Placer dans un contenant de boîte à lunch.

ŒUF FARCI AU SAUMON FUMÉ

Portion: 1

Ingrédients

1 œuf dur
sel et poivre au goût
5 ml de fromage Philadelphia
10 ml de crème sure
25 g de saumon fumé
1 ml de câpres hachées finement
une pincée de paprika

Préparation

Écaler l'œuf dur et le trancher en deux dans le sens de la longueur. Retirer le jaune alors qu'il est encore tiède et le piler. Saler et poivrer au goût. Défaire le fromage Philadelphia en crème avec la crème sure; ajouter le saumon fumé, le jaune d'œuf et les câpres finement hachés. Amalgamer soigneusement. Farcir les blancs d'œuf de ce mélange; saupoudrer de paprika. Placer dans un contenant de boîte à lunch.

ŒUF FARCI CLASSIQUE

Portion: 1

Ingrédients

1 œuf dur
sel et poivre au goût
15 ml de mayonnaise

Préparation

Écaler l'œuf dur et le trancher en deux dans le sens de la longueur. Retirer le jaune alors qu'il est encore tiède et le piler. Saler et poivrer au goût. Amalgamer soigneusement avec la mayonnaise et farcir les blancs d'œuf de ce mélange. Placer dans un contenant de boîte à lunch.

PÂTÉ À LA VIANDE

Portion: 1, double

Ingrédients

1 pomme de terre moyenne en purée, salée et poivrée
360 g de bœuf haché maigre
1 ml de sel d'ail
1 ml d'épices mélangées
1 ml de poivre
1 ml de cannelle
une pincée de girofle
2,5 ml d'origan
1 ml de sel
2,5 ml de concentré de bœuf
eau pour couvrir
30 ml de persil frais haché
2 abaisses
1 œuf battu

Préparation

Bien mélanger le bœuf haché et les épices. Déposer dans un chaudron et couvrir d'eau. Ajouter le concentré de bœuf. Faire mijoter à feu doux jusqu'à ce que la viande soit bien cuite et plutôt sèche. Égoutter pour enlever l'excédent de gras. Dans un bol, mêler la viande, la purée de pomme de terre et le persil. Amalgamer soigneusement. Déposer dans un fond de tarte non cuit et recouvrir d'une abaisse. Badigeonner d'œuf battu et cuire à 190 °C environ 45 minutes. Bien envelopper. Réchauffer quelques minutes avant de servir.

PÂTÉS AU SAUMON

Portions: 4, doubles

Ingrédients

   1 kg de pommes de terre pesées crues et non pelées
   sel et poivre au goût
   1 ml de glutamate monosodique
   45 ml de persil frais haché
   30 ml de beurre
   1 boîte (413 g) de saumon égoutté (réserver le jus)
   80 ml de céleri finement haché
   80 ml d'oignon émincé
   8 abaisses de pâte à tarte
   1 œuf battu dans 30 ml d'eau

Préparation

Égoutter le saumon en récupérant le jus, puis retirer l'arête. Peler les pommes de terre et les faire cuire à l'eau salée. Sitôt qu'elles sont cuites, les égoutter et faire une belle purée (lisse et un peu ferme) avec juste ce qu'il faut du jus de saumon; ajouter le sel, le poivre, le glutamate monosodique et le persil et bien mélanger. Dans une poêle, faire fondre le beurre et faire revenir, à feu doux, le céleri et l'oignon jusqu'à ce qu'ils soient tendres (ils ne doivent pas brunir). Dans un bol, émietter le saumon avec une fourchette ou avec les doigts. Ajouter ensuite le céleri et les oignons. Incorporer les pommes de terre à fond. Rouler la pâte et déposer les fonds dans 4 assiettes à tarte de 20 cm de diamètre. Déposer le quart de la préparation dans chaque assiette et recouvrir d'une abaisse. Badigeonner de l'œuf battu dans un peu d'eau et cuire à 190 °C environ 45 minutes. Bien envelopper dans des emballages séparés. Réchauffer quelques minutes avant de servir.

PIZZA AUX POMMES DE TERRE ET AU FROMAGE DE CHÈVRE

Portions: 2

Ingrédients

2 pommes de terre moyennes
1 pâte à pizza de 23 cm
125 ml de sauce béchamel
sel et poivre au goût
2,5 ml d'origan
125 ml de fromage de chèvre en tranches fines
2,5 ml de coriandre
5 ml d'huile d'olive

Préparation

Préparer une béchamel. Faire cuire les pommes de terre à l'eau salée. Égoutter, laisser légèrement refroidir et trancher finement. Étaler la béchamel sur la pâte à pizza en la couvrant bien. Disposer ensuite les tranches de pommes de terre, en salant et en poivrant entre chaque épaisseur. Parsemer d'origan, recouvrir de fromage de chèvre, saupoudrer de coriandre. Arroser d'huile d'olive et mettre au four, tel qu'il est indiqué sur l'emballage de la pâte à pizza. Bien envelopper dans une pellicule plastique. Peut se manger tel quel ou après avoir été réchauffé pendant quelques minutes.

PIZZA-BURGER

Ingrédients

> 1 pain hamburger
> ketchup ou sauce à pizza
> salami ou pepperoni au goût
> lanières de poivron au goût
> rondelles d'oignon au goût
> champignons au goût
> fromage

Préparation

Défaire le pain en deux. Verser la sauce ou le ketchup. Placer la viande et les légumes sur chaque partie de pain, et finir avec le fromage. Faire griller au four conventionnel environ 5 minutes, ou jusqu'à ce que le fromage soit doré. Sinon, placer au four à micro-ondes, pendant 1 minute à 1 ½ minute, pour faire fondre le fromage. Bien envelopper dans une pellicule plastique. Peut se manger tel quel ou après avoir été réchauffé pendant quelques minutes.

PIZZA MEXICAINE AU POULET

Donne 6 pointes

Ingrédients

1 croûte à pizza de 30 cm
30 ml d'huile d'olive
2 poitrines de poulet crues, découpées en lanières
375 ml de sauce salsa avec gros morceaux
½ poivron rouge en lanières
5 ml de coriandre fraîche hachée
125 ml de mozzarella râpé
125 ml de gruyère râpé

Préparation

Dans une poêle, faire chauffer l'huile et y faire sauter les lanières de poulet jusqu'à ce qu'elles soient bien cuites et bien dorées. Retirer du feu et égoutter. Étaler la sauce salsa sur la croûte à pizza, répartir également les lanières de poulet et celles de poivron rouge; saupoudrer de coriandre, couvrir des deux fromages mélangés et cuire au four à 205 °C de 10 à 15 minutes. Laisser refroidir. Bien envelopper dans une pellicule plastique. Peut se manger tel quel ou après avoir été réchauffé pendant quelques minutes.

POIS CHICHES À LA VINAIGRETTE

Portion: 1

Ingrédients

200 g de pois chiches, qu'on aura laissé tremper une nuit
  complète
½ l d'eau
6 échalotes émincées
30 ml de persil haché
1 gousse d'ail émincée
200 g de thon
sel et poivre au goût

Vinaigrette

120 ml d'huile d'olive
30 ml de vinaigre de vin rouge
15 ml de jus de citron
sel et poivre au goût

Préparation

Égoutter les pois chiches de leur eau de trempage. Ajouter l'eau de cuisson et porter à ébullition. Réduire le feu et laisser mijoter pendant 45 minutes ou jusqu'à tendreté. Égoutter et rincer sous l'eau froide. Ajouter les autres ingrédients et mélanger. Placer dans un contenant de boîte à lunch.

QUESADILLAS SINCRONIZADAS (1)

Ingrédients

4 tortillas
un peu d'huile
250 ml de fromage Monterey Jack, râpé
4 tranches de cornichon de type *bread and butter*
2 olives farcies

Préparation

Faire chauffer une toute petite quantité d'huile dans une poêle; y mettre une tortilla. Disposer 125 ml de fromage râpé et recouvrir d'une seconde tortilla. Retourner et chauffer à feu doux jusqu'à ce que le fromage soit fondu. Réserver au chaud et répéter avec 2 autres tortillas et le reste du fromage. Couper en 4 pointes et décorer de tranches de cornichon et de moitiés d'olives farcies. Laisser refroidir. Bien envelopper dans une pellicule plastique. Réchauffer quelques minutes avant de servir.

QUESADILLAS SINCRONIZADAS (2)

Ingrédients

4 tortillas
un peu d'huile
250 ml de fromage Monterey Jack, râpé
2 tranches de bacon
30 ml d'oignon vert haché
1 piment jalapeño finement haché

Préparation

Faites cuire le bacon jusqu'à ce qu'il soit de la consistance désirée. Émietter et réserver. Faire chauffer une toute petite quantité d'huile dans une poêle et y mettre une tortilla. Disposer 125 ml de fromage râpé, la moitié du bacon, la moitié de l'oignon vert haché et du jalapeño. Recouvrir d'une seconde tortilla. Retourner et chauffer à feu doux jusqu'à ce que le fromage soit fondu. Réserver au chaud et répéter avec 2 autres tortillas et le reste des ingrédients. Couper en 4 pointes. Laisser refroidir. Bien envelopper dans une pellicule plastique. Réchauffer quelques minutes avant de servir.

QUICHE FROIDE AU BROCOLI ET AUX CAROTTES

Portions: *de 8 à 10*

Ingrédients

185 ml de brocoli, blanchi et coupé en morceaux
125 ml de carotte en julienne, blanchie
2 tomates épépinées et coupées en dés
1 oignon vert émincé
½ poivron vert coupé en dés
3 œufs moyens
310 ml de lait
10 ml de fécule de maïs, délayée dans un peu de lait
310 ml de fromage mozzarella râpé
sel et poivre au goût
5 ou 6 tranches de pain blanc au lait, légèrement grillées

Préparation

Préchauffer le four à 175 °C. Dans un bol, mélanger le brocoli, la carotte, les tomates, l'oignon vert, le poivron, les œufs, le lait, la fécule de maïs et le fromage; assaisonner et réserver. Garnir le fond d'un moule à quiche graissé de 25 cm de diamètre, de tranches de pain légèrement grillées (les chevauchant comme pour former les pétales d'une fleur) et recouvrir de la préparation aux œufs. Cuire environ 45 minutes au four. Laisser refroidir, couper en portions individuelles; bien envelopper.

ROULADES DE JAMBON FUMÉ AU TOFU ET AU FROMAGE

Portions: 2

Ingrédients

250 ml de tofu frais, émietté
125 ml de fromage Philadelphia
une pincée de sel de céleri
5 ml de cerfeuil frais haché
5 ml de poivron rouge haché
5 ml de persil haché
sel et poivre au goût
4 tranches de jambon fumé
2 tranches de jambon de Parme
4 olives noires coupées en 4
5 ml de feuilles de céleri hachées

Préparation

Mettre le tofu, le fromage et les épices dans un bol; remuer jusqu'à consistance crémeuse. Dans une assiette, disposer une tranche de jambon fumé. Badigeonner du quart du mélange au tofu, recouvrir d'une tranche de jambon de Parme, tartiner de nouveau d'un autre quart de mélange crémeux et recouvrir d'une autre tranche de jambon fumé. Couper en quatre. Répéter l'opération pour la seconde portion. Parsemer d'olives noires et de feuilles de céleri. Bien envelopper dans une pellicule plastique.

TACO À L'ŒUF DUR

Ingrédients

    1 œuf dur
    15 ml d'oignon
    60 ml de tomate en dés
    une pincée de thym
    1 ml d'origan
    sel et poivre au goût
    15 ml de sauce salsa avec gros morceaux
    30 ml de cheddar moyen râpé
    1 taco

Préparation

Écaler l'œuf dur et le hacher grossièrement. Ajouter l'oignon, la tomate, le thym et l'origan. Saler et poivrer. Lier avec la sauce salsa et la moitié du fromage râpé. Garnir le taco de cette préparation et saupoudrer du reste du fromage. Bien envelopper dans une pellicule plastique.

TACOS DE BŒUF HACHÉ

Donne 4 tacos

Ingrédients

4 tortillas
15 ml d'huile d'olive
80 ml d'oignon haché
½ gousse d'ail finement hachée
125 g de bœuf haché
5 ml de chapelure
60 ml de sauce salsa
sel et poivre au goût
60 ml d'oignon grossièrement haché
60 ml de dés de tomate
60 ml de dés de cheddar
4 feuilles de laitue déchiquetées

Préparation

Dans une poêle, faire chauffer l'huile et y faire revenir l'oignon et l'ail. Ajouter le bœuf haché et le faire brunir en remuant. Incorporer la chapelure et la sauce salsa et cuire encore une minute ou deux. Répartir le mélange sur les tortillas. Recouvrir d'oignon, de tomate, de fromage et de laitue. Rouler et bien envelopper dans une pellicule plastique. Peut se manger tel quel ou après avoir été réchauffé pendant quelques minutes.

TACOS DE POULET FRIT ET ÉPICÉ

Donne 4 tacos

Ingrédients

4 tortillas chaudes
250 g de blanc de poulet cru
125 ml de lait
30 ml de farine blanche
30 ml de farine de maïs
5 ml de persil frais haché
2,5 ml de poivre de Cayenne
une pincée de cumin
une pincée d'origan
½ gousse d'ail hachée
sel et poivre au goût
huile végétale pour friture
60 ml de sauce salsa
4 feuilles de laitue déchiquetées
60 ml de cheddar doux coupé en petits cubes

Préparation

Découper les blancs de poulet en lanières et les faire tremper dans le lait.

Mélanger la farine de maïs, le persil, le poivre de Cayenne, le cumin, l'origan et l'ail. Saler et poivrer au goût. Égoutter le poulet et enrober les morceaux de farine blanche. Retremper les lanières dans le lait et les passer ensuite dans le mélange de farine de maïs. Faire chauffer l'huile et y faire frire les morceaux de poulet épicés jusqu'à ce qu'ils soient cuits et bien dorés. Répartir le poulet sur les tortillas, recouvrir de sauce salsa, de laitue déchiquetée et de petits cubes de cheddar. Rouler et bien envelopper dans une pellicule plastique. Peut se manger tel quel ou après avoir été réchauffé pendant quelques minutes.

NOTE: Avant d'ajouter la sauce salsa et la laitue, vous pouvez passer les tacos au four pour faire fondre le fromage.

TARTINADE DE TOFU AUX OLIVES ET À L'AIL

Portions: 2

Ingrédients

2 tranches de pain grillées
250 ml de tofu frais émietté
60 ml d'olives vertes et noires, dénoyautées et hachées
1 gousse d'ail hachée
30 ml de poivron vert haché et grillé
30 ml de persil frais haché
sel et poivre au goût
2 feuilles de laitue romaine

Préparation

Faire griller les tranches de pain et mettre de côté. Dans un bol, mêler le tofu, les olives hachées, l'ail, le poivron grillé et le persil haché. Saler et poivrer au goût. Tartiner les tranches de pain grillées du mélange au tofu; couper en quatre et déposer dans un contenant de boîte à lunch, sur une feuille de laitue romaine.

TRANCHES DE PAIN GARNIES À LA FLORENTINE

Ingrédients

2 œufs moyens durs et hachés grossièrement
200 g d'épinards cuits, égouttés et émincés
½ poivron rouge ou vert, haché
1 oignon vert émincé
2 tranches de jambon cuit émincées
60 ml de fromage cheddar râpé
15 ml de mayonnaise
15 ml de yogourt nature
sel et poivre au goût
4 tranches de pain

Préparation

Mélanger les œufs durs, les épinards, le poivron, l'oignon vert, le jambon, le fromage, la mayonnaise et le yogourt; assaisonner. Garnir 2 tranches de pain de ce mélange et recouvrir chacune d'une autre tranche de pain. Bien envelopper dans une pellicule plastique.

LES LÉGUMES D'ACCOMPAGNEMENT

ASSIETTE DE CRUDITÉS

Portions: 12

Ingrédients

250 ml de chacun des légumes suivants: chou-fleur et brocoli en bouquets, champignons, carottes miniatures, etc. (Tous les légumes peuvent faire partie de la recette.)

Vinaigrette

125 ml de vinaigrette italienne piquante
15 ml de jus de citron
5 ml de sel
5 ml de poivre
5 ml de sucre

Préparation

Bien mêler tous les ingrédients de la vinaigrette. Placer tous les légumes dans un grand plat de verre, arroser avec la vinaigrette. Couvrir hermétiquement avec une pellicule plastique collante. Brasser le plat de temps à autre. Mariner environ 6 heures au réfrigérateur. Répartir dans des contenants de boîte à lunch.

AVOCATS AU CITRON ET AU PIMENT

Ingrédients

5 ml de zeste de citron vert finement râpé
30 ml de jus de citron vert
5 ml de cassonade
15 ml de persil frais haché
15 ml d'huile d'olive
2 ou 3 piments jalapeño, épépinés et émincés
2 avocats mûrs, pelés et émincés

Préparation

Dans un bol, bien mélanger le zeste et le jus de citron vert, le sucre, le persil, l'huile et les piments. Verser sur l'avocat émincé.

CAROTTES VICHY

Ingrédients

5 ou 6 grosses carottes coupées en rondelles
375 ml de bouillon de poulet chaud
5 ml de sucre
10 ml de beurre
15 ml de cerfeuil
2 feuilles de laurier
sel et poivre au goût

Préparation

Faire fondre le beurre dans une poêle. Ajouter les carottes, le sucre, le sel et le poivre. Faire cuire à feu moyen/vif pendant 1 minute. Baisser le feu à moyen et ajouter les feuilles de laurier et le cerfeuil. Faire revenir 2 minutes. Ajouter le bouillon de poulet et faire réduire à feu vif quelques minutes.

CHAMPIGNONS
À LA PROVENÇALE

Portions: 2

Ingrédients

30 ml de beurre
5 ml d'huile végétale
400 g de champignons frais coupés en tranches
15 ml de ciboulette fraîche hachée
5 ml de persil frais haché
2 gousses d'ail écrasées et hachées
60 ml de jus de citron
sel et poivre au goût

Préparation

Faire chauffer le beurre et l'huile dans une poêle à frire. Ajouter les champignons; saler et poivrer. Faire cuire 3 ou 4 minutes à feu moyen-vif tout en remuant de temps à autre. Ajouter la ciboulette, le persil, l'ail et le jus de citron; continuer la cuisson pendant 2 minutes. Saler et poivrer au goût.

CHIPS MAISON

Ingrédients

2 pommes de terre nouvelles de taille moyenne
15 ml d'huile d'olive extra-vierge
une pincée de paprika
une pincée de sel d'oignon
45 ml de fromage parmesan

Préparation

Brosser les pommes de terre sous l'eau. Peler si désiré. Couper en tranches très fines, de la taille d'une chips. Préchauffer le four à 175 °C. Placer les pommes de terre sur une plaque allant au four. Éviter de les empiler. Étaler l'huile d'olive à l'aide d'un petit pinceau. Saupoudrer le paprika, le sel d'oignon et le fromage. Placer au four pendant 45 minutes.

CONCASSÉE DE TOMATES

Portions: 4

Ingrédients

5 ou 6 tomates bien mûres
30 ml de vinaigre balsamique
45 ml d'huile d'olive première pression
100 ml de feuilles de persil italien finement ciselées
310 ml de feuilles de basilic finement ciselées
4 ou 5 gousses d'ail hachées
une pincée de sel marin et de poivre noir

Préparation

Peler, épépiner et couper en dés les tomates, puis les concasser légèrement au mortier. Presser l'ail. Ajouter aux tomates l'ail et les herbes ciselées finement. Incorporer l'huile, le vinaigre, le sel et le poivre. Couvrir et réserver au réfrigérateur 2 heures.

NOTE: Une concassée de tomates est une préparation passe-partout, qui peut accompagner tant le poisson que la volaille grillée et les pâtes.

JULIENNE DE COURGETTE AU TOFU ET AU YOGOURT

Portions: 2

Ingrédients

125 ml de yogourt nature
15 ml de jus de citron vert
2,5 ml de gingembre frais moulu
sel et poivre au goût
500 ml de courgettes en julienne
250 ml de tofu frais en petits cubes
paprika

Préparation

Dans un bol, bien mélanger le yogourt, le jus de citron vert et le gingembre. Saler et poivrer au goût. Incorporer les courgettes et le tofu et laisser mariner pendant 1 heure au réfrigérateur. Saupoudrer de paprika et répartir dans des contenants de boîte à lunch.

LÉGUMES À LA MEXICAINE

Portions: 2

Ingrédients

22 ml d'huile d'olive
60 ml d'oignon haché
1 gousse d'ail
1 piment très fort, épépiné et finement haché
125 ml de tomate pelée, épépinée, coupée en dés
125 ml d'épis de maïs miniatures, en conserve
80 ml de courgette en petits dés
60 ml de concombre épépiné et coupé en dés
60 ml de pois verts cuits
15 ml de coriandre fraîche hachée
sel et poivre au goût

Préparation

Dans une poêle, chauffer l'huile et y faire revenir les oignons à feu doux. Ajouter l'ail, le piment, les dés de courgette et de concombre. Faire cuire quelques minutes, puis incorporer les dés de tomate. Faire cuire encore 2 ou 3 minutes. Ajouter ensuite les épis de maïs, les pois verts et la coriandre hachée. Saler et poivrer au goût, mélanger bien, laisser mijoter 5 minutes. Laisser refroidir; répartir dans des contenants de boîte à lunch. Réchauffer quelques minutes avant de servir.

POMME DE TERRE FARCIE
À LA PROVENÇALE

Portion: 1

Ingrédients

1 ½ pomme de terre moyenne
15 ml de beurre
5 ml d'ail haché
15 ml de persil
sel et poivre
5 ml de pastis
2,5 ml de graines de pavot

Préparation

Laver la pomme de terre entière sans l'éplucher; faire cuire au four (à 205 °C environ 35 minutes, sans emballage d'aluminium). La cuisson terminée, laisser la pomme de terre refroidir de 10 à 15 minutes. Couper une «calotte» (dans le sens horizontal) à la pomme de terre entière. Réserver la calotte. Creuser la pomme de terre afin de l'évider, en prenant bien soin de n'abîmer ni le fond ni les parois; laisser environ 1 cm de pulpe à l'intérieur. Réserver la pulpe. Éplucher la demi-pomme de terre pour récupérer la pulpe uniquement. Dans une poêle, faire fondre le beurre et faire revenir la pulpe des pommes de terre avec l'ail, le persil, le sel et le poivre, jusqu'à ce qu'elle soit bien dorée. Farcir la pomme de terre de ce mélange, arroser de pastis, parsemer de graines de pavot. Passer au four à 190 °C une quinzaine de minutes. Mettre dans un contenant de boîte à lunch. Réchauffer quelques minutes avant de consommer.

POMME DE TERRE FARCIE AU BŒUF HACHÉ À LA SAUCE CHILI

Portion: 1

Ingrédients

1 pomme de terre moyenne
5 ml d'huile
125 ml de bœuf haché maigre
une pincée d'origan
2,5 ml de piments chili en flocons
½ gousse d'ail hachée
5 ml de beurre
60 ml de sauce chili
sel et poivre

Préparation

Laver la pomme de terre sans l'éplucher; faire cuire au four (à 205 °C environ 35 minutes, sans emballage d'aluminium). La cuisson terminée, laisser la pomme de terre refroidir de 10 à 15 minutes. Couper une «calotte» (dans le sens horizontal). Réserver la calotte. Creuser la pomme de terre afin de l'évider, en prenant bien soin de n'abîmer ni le fond ni les parois; laisser environ 1 cm de pulpe à l'intérieur. Réserver la pulpe. Faire revenir le bœuf haché dans l'huile avec l'origan, les flocons de chili et l'ail. Défaire la viande à la fourchette pour obtenir un mélange floconneux. Verser dans une passoire pour bien égoutter. Garder au chaud. Dans la même poêle, faire fondre le beurre et faire revenir la pulpe de pomme de terre jusqu'à ce qu'elle soit cuite et dorée. Dégraisser, ajouter le mélange de bœuf et la sauce chili; bien mélanger. Saler et poivrer au goût. Farcir la pomme de terre et passer au four à 190 °C une quinzaine de minutes. Mettre dans un contenant de boîte à lunch. Réchauffer quelques minutes avant de consommer.

POMME DE TERRE FARCIE AU FETA, AUX OLIVES VERTES ET AU SAFRAN

Portion: 1

Ingrédients

1 pomme de terre moyenne
15 ml d'huile d'olive
60 ml de fromage feta en petits cubes
60 ml d'olives vertes, grecques ou italiennes,
   dénoyautées et émincées
2,5 ml de safran
sel et poivre au goût

Préparation

Laver la pomme de terre sans l'éplucher; faire cuire au four (à 205 °C environ 35 minutes, sans emballage d'aluminium). La cuisson terminée, laisser la pomme de terre refroidir de 10 à 15 minutes. Couper une «calotte» (dans le sens horizontal). Réserver la calotte. Creuser la pomme de terre afin de l'évider, en prenant bien soin de n'abîmer ni le fond ni les parois; laisser environ 1 cm de pulpe à l'intérieur. Réserver la pulpe. Verser l'huile d'olive dans une poêle et y faire revenir la pulpe de pomme de terre jusqu'à ce qu'elle soit bien dorée. Ajouter ensuite le fromage feta, les olives, le sel et le poivre. Chauffer légèrement, puis farcir la pomme de terre de ce mélange. Parsemer de safran. Passer au four à 190 °C une quinzaine de minutes. Mettre dans un contenant de boîte à lunch. Réchauffer quelques minutes avant de consommer.

POMME DE TERRE FARCIE AU FROMAGE CHEDDAR

Portion: 1

Ingrédients

1 pomme de terre moyenne
125 ml de cheddar fort émietté
15 ml de crème 35 %
15 ml de vin blanc
sel et poivre

Préparation

Laver la pomme de terre sans l'éplucher; faire cuire au four (à 205 °C environ 35 minutes, sans emballage d'aluminium). La cuisson terminée, laisser la pomme de terre refroidir de 10 à 15 minutes. Couper une «calotte» (dans le sens horizontal). Réserver la calotte. Creuser la pomme de terre afin de l'évider, en prenant bien soin de n'abîmer ni le fond ni les parois; laisser environ 1 cm de pulpe à l'intérieur. Réserver la pulpe. À feu doux, faire fondre le fromage cheddar dans la crème et le vin blanc. Saler et poivrer au goût. Ajouter la pulpe de pomme de terre. Mêler et faire cuire jusqu'à tendreté. Farcir la pomme de terre, puis passer au four à 190 °C une quinzaine de minutes. Mettre dans un contenant de boîte à lunch. Réchauffer quelques minutes avant de consommer.

NOTE: Peut être servie froide.

POMMES DE TERRE FARCIES
À LA CHAIR DE CRABE

Portions: 2

Ingrédients

2 pommes de terre moyennes
10 ml de beurre
60 ml d'oignon émincé
5 ml d'ail haché
5 ml de persil haché
5 ml d'origan
1 tomate moyenne en dés
250 ml de chair de crabe
125 ml de fromage mozzarella râpé

Préparation

Laver les pommes de terre sans les éplucher; faire cuire au four (à 205 °C environ 35 minutes, sans emballage d'aluminium). La cuisson terminée, laisser les pommes de terre refroidir de 10 à 15 minutes. Couper une «calotte» (dans le sens horizontal) aux pommes de terre. Réserver la calotte. Creuser les pommes de terre afin de les évider, en prenant bien soin de n'abîmer ni le fond ni les parois; laisser environ 1 cm de pulpe à l'intérieur. Réserver la pulpe. Dans une poêle, faire fondre le beurre et faire revenir l'oignon, la pulpe de pomme de terre, l'ail, le persil et l'origan. Ajouter la tomate et la chair de crabe. Farcir les pommes de terre de ce mélange; parsemer de mozzarella et passer au four à 190 °C de 15 à 20 minutes. Mettre dans un contenant de boîte à lunch. Réchauffer quelques minutes avant de consommer.

SALADE DE CHOU
ET DE CAROTTE

Portions: 6

Ingrédients

1 chou
2 carottes
½ oignon
10 ml de sirop d'érable
mayonnaise au goût

Préparation

Râper le chou, les carottes et l'oignon. Mélanger dans un grand plat. Ajouter le sirop d'érable. Ajouter de la mayonnaise (la quantité varie selon la grosseur du chou, la salade doit avoir une texture onctueuse). Bien mélanger le tout.

LES
DESSERTS

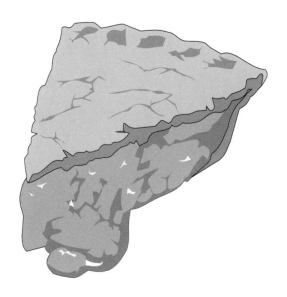

BISCUITS À LA NOIX DE COCO

Ingrédients

160 ml de beurre ramolli
180 ml de sucre
1 gros œuf
250 ml de farine tout usage tamisée
250 ml de noix de coco râpée
2,5 ml de vanille
250 ml de noix de Grenoble

Préparation

Préchauffer le four à 220 °C. Crémer le beurre avec le sucre, puis ajouter l'œuf. Ajouter ensuite la farine et la noix de coco râpée. Terminer avec la vanille et les noix de Grenoble. À l'aide de cuillères, déposer la pâte sur une plaque à biscuits préalablement graissée. Cuire environ 10 minutes.

BISCUITS À L'ORANGE

Donne 48 biscuits

Ingrédients

250 ml de beurre ramolli
375 ml de sucre
1 gros œuf
15 ml d'eau
15 ml d'extrait d'orange
625 ml de farine tout usage
2,5 ml de sel
15 ml de levure chimique (poudre à pâte)
125 ml de noix de coco râpée

Préparation

Préchauffer le four à 175 °C. Beurrer et enfariner les plaques à biscuits. Au batteur électrique, réduire en crème le beurre et le sucre. Bien incorporer l'œuf, l'eau et l'extrait d'orange. Tamiser ensemble la farine, le sel et la levure chimique. Bien incorporer au premier mélange afin d'obtenir une pâte. Ajouter la noix de coco. Façonner la pâte en très petites boules et les disposer sur les plaques à biscuits. Laisser suffisamment d'espace entre les biscuits pour leur permettre de s'étaler pendant la cuisson. Faire cuire au milieu du four de 12 à 15 minutes. Sortir les biscuits du four et les mettre sur une grille. Les laisser refroidir complètement avant de les ranger dans un contenant hermétique.

BONBONS
AUX POMMES DE TERRE

Ingrédients

1 pomme de terre moyenne
5 ml de vanille
1 625 litre de sucre à glacer
90 ml de beurre d'arachide

Préparation

Faire cuire la pomme de terre et la réduire en purée. Laisser refroidir. Ajouter ensuite la vanille et suffisamment de sucre à glacer pour faire une pâte ferme qu'il sera possible d'abaisser au rouleau à pâte. Diviser la pâte en deux; abaisser chacun des deux morceaux en deux plaques de 20 cm carrés chacune. Étaler le beurre d'arachide uniformément. Rouler les plaques comme des gâteaux roulés. Envelopper de papier ciré. Réfrigérer de 3 à 5 heures. Découper chaque rouleau en 24 tranches. Conserver au réfrigérateur.

CARRÉS AUX DATTES ET AUX FLOCONS D'AVOINE

Donne 8 carrés

Ingrédients

225 g de beurre ramolli
375 ml de cassonade
250 ml de flocons d'avoine
375 ml de farine tout usage
5 ml de bicarbonate de sodium
une pincée de sel
450 g de dattes dénoyautées
425 ml d'eau

Préparation

Préchauffer le four à 175 °C. Beurrer un moule à gâteau carré de 20 cm de côté. Au batteur électrique, réduire en crème le beurre et 250 ml de cassonade. Mélanger les flocons d'avoine, la farine, le bicarbonate de sodium et le sel. Incorporer au premier mélange. Dans une casserole, mélanger les dattes, l'eau et le reste de la cassonade. Porter à ébullition. Baisser le feu à doux et laisser mijoter jusqu'à ce que le mélange épaississe, en remuant de temps à autre. Retirer du feu et laisser refroidir. Presser un peu de mélange aux flocons d'avoine dans le moule à gâteau, afin d'obtenir une couche de 1 cm d'épaisseur. Couvrir du mélange aux dattes, puis du reste du mélange aux flocons d'avoine. Faire cuire au four 25 minutes. Sortir du four et laisser refroidir dans le moule avant de couper en carrés et de bien envelopper.

COLLATION ARACHIDES
ET RAISINS SECS

Ingrédients

   15 ml de beurre ou de margarine
   250 ml d'arachides
   50 g de graines de tournesol
   300 g de raisins secs
   150 g d'abricots déshydratés, coupés en 4 ou
      en 6 morceaux chacun
   une pincée de sel

Préparation

Faire fondre le beurre ou la margarine dans une poêle à feu moyen, ajouter les arachides et les graines de tournesol; remuer souvent pendant qu'elles brunissent. Lorsqu'elles sont bien dorées, verser dans un bol et laisser refroidir. Ajouter les raisins secs et les abricots. Remuer, saupoudrer de sel, remuer. Servir en bouchées.

MERINGUE À LA SALADE DE FRUITS

Portion: 1

Ingrédients

80 ml de crème 35 %
2 blancs d'œufs
125 ml de salade de fruits égouttée
3 ou 4 gouttes d'essence de vanille
10 ml de sucre de fruits

Préparation

Fouetter la crème. Dans un autre bol, fouetter les blancs d'œufs en neige ferme. Incorporer à la crème fouettée et réfrigérer une trentaine de minutes. Ajouter ensuite le sucre de fruits, la vanille et la salade de fruits bien égouttée. Bien mélanger. Déposer dans un contenant de boîte à lunch. Garder réfrigéré.

PAIN DORÉ

Portion: 1

Ingrédients

15 ml de beurre
1 œuf
1 ml de sel
10 ml de sucre
45 ml de lait
2 tranches de pain

Préparation

Fouetter l'œuf avec le sel, le sucre et le lait. Dans une poêle, faire fondre le beurre. Tremper le pain dans le mélange d'œuf de manière à bien l'enrober. Laisser s'écouler le surplus et déposer dans le beurre chaud. Déposer dans un contenant de boîte à lunch.

NOTE: Le pain doré se sert généralement avec du sirop d'érable, de la confiture, de la mélasse ou du miel.

POLVORONES

Ingrédients

50 g de sucre
110 g de saindoux
1 œuf
225 g de farine
2,5 ml de poudre à pâte
30 ml de sucre à glacer
2,5 ml de cannelle

Préparation

Bien mêler le sucre et le saindoux. Ajouter l'œuf et bien battre. Ajouter ensuite la farine préalablement mêlée à la poudre à pâte. Mélanger. Diviser en 12 portions, façonner chaque portion en boule; aplatir légèrement et disposer sur une tôle à biscuits. Saupoudrer de sucre à glacer et de cannelle. Faire cuire dans un four préchauffé à 175 °C pendant une vingtaine de minutes.

POUDING AU RIZ À L'ANCIENNE

Ingrédients

125 ml de riz blanc à longs grains
80 ml de sucre
2,5 ml de sel
une pincée de muscade
500 ml de lait
160 ml d'eau
7,5 ml de beurre
60 ml de raisins secs

Préparation

Mélanger tous les ingrédients, sauf les raisins; verser dans un plat graissé allant au four. Cuire à 150 °C pendant 1 heure. Ajouter les raisins et mélanger. Cuire de nouveau au four à 120 °C pendant 1 ½ heure.

POUDING AU RIZ
ET À LA NOIX DE COCO

Ingrédients

250 ml de lait de coco
250 ml de lait
125 ml de sucre
1 bâton de cannelle
60 ml de noix de coco râpée
75 ml de riz blanc à longs grains
1 jaune d'œuf
250 ml de thé japonais
75 ml de semoule de blé
10 ml de noix de coco râpée
2 pincées de cannelle en poudre

Préparation

Porter le lait de coco et le lait ordinaire à ébullition avec le sucre, le bâton de cannelle et la noix de coco râpée. Verser le riz en pluie. Réduire le feu et cuire à feu moyen en remuant constamment. Quand le riz est cuit, fouetter le jaune d'œuf dans le thé. Retirer le chaudron du feu et y verser le thé. Retirer le bâton de cannelle, ajouter la semoule, remuer et couvrir. Laisser épaissir. Répartir dans deux contenants de boîte à lunch. Saupoudrer de noix de coco râpée et de cannelle.

SUPERBALLES AU BEURRE D'ARACHIDE

Donne 10 boulettes

Ingrédients

60 ml de beurre d'arachide crémeux ou croquant
30 ml de miel pasteurisé
10 ml d'essence de vanille
60 ml de lait écrémé en poudre
80 ml de noix hachées
20 ml de graines de sésame, rôties ou non

Préparation

Combiner le beurre d'arachide, le miel, l'essence de vanille et le lait en poudre jusqu'à consistance homogène. Ajouter les noix. Si le mélange est trop épais, ajouter 5 ml d'eau chaude. Façonner des boulettes de 2,5 cm de diamètre. Les rouler dans les graines de sésame.

VARIANTE: Plutôt que de rouler les boulettes dans les graines de sésame, servir le mélange en tartinade sur des biscuits Graham, des craquelins au blé entier ou des rôties.

TARTELETTES AU CHOCOLAT ET AU BEURRE D'ARACHIDE

Donne de 15 à 18 tartelettes

Ingrédients

480 g de chocolat mi-sucré coupé en petits morceaux
de 15 à 18 fonds de tartelettes moyens non cuits
80 ml de sirop de maïs
60 ml de beurre d'arachide crémeux ou croquant
60 ml de sucre ou de cassonade
2,5 ml de vanille
2 gros œufs

Préparation

Placer la grille du four au plus bas et chauffer le four à 175 °C. Répartir les morceaux de chocolat dans le fond des tartelettes et placer sur une tôle à biscuits. Mélanger le reste des ingrédients jusqu'à l'obtention d'une texture lisse. Verser sur le chocolat pour bien remplir les fonds de tartelettes. Cuire de 12 à 15 minutes.

TARTELETTES DE TOFU AUX FRUITS

Donne 6 tartelettes

Ingrédients

110 g de pâte brisée
250 ml de lait
1 gousse de vanille fendue
250 ml de tofu frais émietté
2 œufs
250 ml de sucre
60 ml de farine
125 ml de fraises tranchées
125 ml de framboises entières
125 ml de mûres noires
60 ml de nappage à l'abricot

Préparation

Faire une pâte brisée tel qu'il est indiqué sur l'emballage du produit. Rouler et foncer les moules à tartelettes. Piquer légèrement et cuire au four à 190 °C de 5 à 10 minutes. Dans un chaudron, verser le lait, ajouter la gousse de vanille et le tofu et porter le tout à ébullition. Retirer la gousse de vanille, réduire le feu et fouetter jusqu'à ce que la sauce soit bien onctueuse. Garder au chaud à feu très doux. Dans un bol, fouetter les œufs et le sucre. Ajouter la farine et remuer jusqu'à ce qu'il n'y ait plus de grumeaux. Incorporer au lait chaud et fouetter. Remettre à feu moyen et cuire jusqu'à ce que le mélange devienne une crème épaisse. Laisser refroidir. Remplir les moules à tartelettes à moitié. Laisser refroidir. Recouvrir de fruits frais, badigeonner de nappage à l'abricot.

Table des matières

Les sandwichs

Les repas express